Bau Dir Dein eigenes Grundeinkommen

Radikale Wege aus Konsumzwang und Existenzangst

von Gisela Enders

*Bibliografische Information der Deutschen Nationalbibliothek:
Die Deutsche Nationalbibliothek verzeichnet diese Publikation in
der Deutschen Nationalbibliografie; detaillierte bibliografische
Daten sind im Internet über http://dnb.dnb.de abrufbar.*

Copyright © 2019 Gisela Enders

*Titelbild: Sacha Heck
Herstellung und Verlag: BoD – Books on Demand, Norderstedt*

All rights reserved

ISBN: 978 - 374 - 8180 - 333

Inhaltsverzeichnis

Vorwort 8

Warum das eigene Grundeinkommen ein Ziel sein könnte 12

Ist Arbeit unser Lebenssinn? 25
- *War das schon immer so?* 25
- *Wie sieht unser Arbeitsleben heute aus?* 28
- *Wer findet ein Grundeinkommen attraktiv?* 33

Das bedingungslose Grundeinkommen 41
- *Finanzielle Sicherheit fördert die Gesundheit* 51
- *Lebenssinn statt Konsum – eine Wohltat für unseren Planeten* 53
- *Wann ist es genug?* 61

Ein eigenes Grundeinkommen aufbauen 65
- *Anders wirtschaften* 76

Schritte zum Basiseinkommen 80
- *Der Finanzüberblick* 81
- *Die Übersicht über das eigene Vermögen* 82
- *Das Haushaltsbuch* 85
- *Den Stundenlohn Deiner Arbeit berechnen* 89
- *Budgetierung* 95

Der Vermögensaufbau 103
- *Der Notgroschen* 105
- *Fuck-you Money* 106
- *Das Wunder des Zinses-Zinses* 111
- *Mit Risiken und Chancen umgehen* 115
- *Die eigene Geldbildung* 115

Das Vermögen wächst	*118*
Das Verhältnis von Rein und Raus	**122**
Die Reduzierung der Ausgaben	**127**
Konsum reduzieren	*127*
Kauf Dir einfach Zeit!	*130*
Runter mit den Lebenshaltungskosten	**133**
Wohnen	*134*
Das Auto	*136*
Teure Urlaube	*137*
Hobbies	*138*
Teure Gewohnheiten	**139**
Wie kommen die 752- und die 173-Regel zustande?	*140*
Die Macht der Gewohnheit	*141*
Gute Spargewohnheiten	*144*
Das eigene Einkommen erhöhen	**150**
Unternehmertum und Selbständigkeit	*151*
Passives Einkommen	*158*
Klug investieren	**162**
Diversifikation	*164*
Aktien	*166*
ETFs – Passive Fonds	*168*
Aktive Fonds	*170*
Immobilien	*171*
P2P Kredite	*176*
Darlehen	*176*
Rohstoffe und vieles mehr	*177*
Geldbildung	*178*

Wie hoch soll das eigene Basiseinkommen sein? **180**
  Am Ende steht die Altersvorsorge   *182*
  Ich lebe lieber jetzt!   *185*
  Die Angst vor einem anderen Leben   *186*
  Mach Dich auf den Weg!   *189*

Nie mehr Existenzsorgen! **195**

Wie kann ein gutes, anderes Leben aussehen? **206**
  Was würdest Du tun, wenn Geld keine Rolle mehr spielt?   *208*
  Was tun, wenn das Grundeinkommen gesichert ist?   *211*
  Muss Erwerbsarbeit sein?   *213*
  Identität durch Arbeit   *214*
  Die Balance halten   *216*
  Das Streben nach Reichtum?   *217*

Mit Widerständen rechnen **222**

Über die Autorin **228**

Vorwort

Es ist in aller Munde. Das bedingungslose Grundeinkommen. Gezahlt vom Staat. Aus Steuergeldern. Politisch und gesellschaftlich ist diese Forderung in meinen Augen eine Spannende. Wir wissen noch nicht genau, ob es funktioniert. Was es genau verändert. Oder eben auch nicht. Dieses Buch ist kein weiteres Buch, um zu berechnen, ob ein bedingungsloses Grundeinkommen funktioniert. Es ist auch kein politisches Plädoyer für ein bedingungsloses Grundeinkommen. Es ist eher ein Blick darauf, was die Sehnsucht nach diesem Grundeinkommen ausmacht. Denn hinter der Forderung steckt in meinen Augen der Wunsch endlich ohne Existenzangst leben zu dürfen. Diesen Wunsch, dieses Bedürfnis kann ich sehr nachvollziehen. Ich schaue mit diesem Buch auf Menschen und deren Wege sich selbst ein Basiseinkommen aufzubauen. Denn es geht auch ohne ein bedingungsloses Grundeinkommen durch die Gemeinschaft. Das mag radikal klingen. Damit ist das Buch auch ein Buch, dass unseren Umgang mit Geld und Konsum, unseren Lebensstil unter die Lupe nimmt und damit neue Möglichkeiten aufzeigt und vielleicht freiwillige Beschränkungen ermöglicht.

Ist es möglich, sich selbst eine Grundsicherung zu schaffen? Was braucht es dafür und ist es den Aufwand wert?

Geht das überhaupt? Sich selbst ein Grundeinkommen aufzubauen, mit dem man seine Grundlebenshaltungskosten decken kann? Kann man den eigenen Lebensstil so gestalten, dass Geld in keinem großen Umfang gebraucht wird? Wie verändert sich das Leben, wenn man nicht mehr für Geld arbeiten muss, es aber durchaus darf? Mit diesem Buch will ich unseren Umgang mit Geld und besonders unseren Konsum kritisch hinterfragen. Sicherlich wird es Menschen geben, die sich aus ihrer Lebenssituation heraus nie vorstellen könnten, ein eigenes Grundeinkommen zu erwirtschaften. Natürlich ist es wie vieles andere unvorstellbar, beispielsweise einen Marathon zu laufen oder zum Mond zu fliegen. Andere Menschen haben das schon geschafft. Ich habe als Geldcoach und als Finanzbloggerin inzwischen mit vielen, vielen Menschen geredet und mir viele Lebenssituationen angeschaut. Dabei habe ich bei sehr vielen Menschen entdeckt, dass es möglich wäre. Natürlich hat es einen Preis. Preise zahlen wir für jede Entscheidung im Leben. Die, die wir aktiv fällen und die, die wir aus Angst oder anderen Gründen nicht fällen.

Menschen, die nicht mehr arbeiten müssen, weil sie ein Grundeinkommen haben, müssen auch ihren Weg finden. Er ist tatsächlich nicht immer einfach, er ist manchmal nur anders. In jedem Fall liefert er neue Optionen und Möglichkeiten. Für viele Menschen bedeutet es einen wesentlichen Schritt Richtung Freiheit, nicht mehr arbeiten zu müssen und von keinem Arbeitgeber abhängig zu sein. Dauerhaft keine Existenzangst zu erleben, ist für die meisten eine echte Befreiung. Jeden Tag einfach nur sein zu dürfen, sich nicht laufend beweisen zu müssen, ist in unserer Welt eine kleine eigene Revolution.

Ich hoffe, dass dieses Buch viel Inspiration liefert, um das eigene Leben nochmal auf den Prüfstand zu stellen und zu überlegen, welche Aspekte von Freiheit für das eigene Leben umsetzbar sind und ob man bereit ist, den Preis dafür zu bezahlen. Der Preis bedeutet für die meisten übrigens einen sehr sparsamen Lebensstil sowie geschickte und mutige Investments. Eigentlich einfach, trotzdem machen sich nur wenige Menschen auf, für sich eine entspannte Lösung zum Thema Existenzangst zu schaffen.

Noch drei Details zu Begriffen und Sprache. Ich nutze in dem Buch mehrere Begriffe für das Grundeinkommen. Neben Grundeinkommen gibt es auch noch die Begrifflichkeiten Basiseinkommen sowie Grund- und Existenzsicherung. Ich hoffe, mein Gedankengang wird bei all diesen Begriffen klar – aus sprachlichen und besonders Vielfaltsgründen benutze ich sie alle.

Genauso vielfältig versuche ich das Buch in der Ansprache der Geschlechter zu halten. Ich habe mich für die einfache Lesbarkeit für die zufällige Nutzung der weiblichen und männlichen Form entschieden. Natürlich sind bei jeder Bezeichnung beide Geschlechter gemeint.

Dieses Buch enthält Tippfehler. Ich sage es gleich, vielleicht ist es dann einfacher, sich im Lesen weiter auf den Inhalt zu konzentrieren und den kleinen inneren Lektor wieder abzuschalten. Ich gehe mit 90% Perfektionismus durchs Leben, weil ich glaube, dass 100% für ein erfülltes Leben nicht notwendig sind. Und ich bin sicher, 90% des Textes ist richtig geschrieben.

Warum das eigene Grundeinkommen ein Ziel sein könnte

Das Arbeitsleben wandelt sich. In viele verschiedene Richtungen, von denen einige hier kurz betrachtet werden sollen. Zum einen ist da die Sicherheit im Arbeitsleben. Welche Sicherheit? Genau; hier wandelt sich etwas. Zum anderen werden wir aber auch an bestimmten Stellen sehr gebraucht, es kommt zum Mangel, der es möglich macht, Ansprüche zu stellen. An den Arbeitsplatz, die Ausstattung und das Gehalt. Dazu kommen immer wieder neue Stellen, die wir uns vor einigen Jahren noch gar nicht vorstellen konnten. Aber der Reihe nach.

Wie sicher kann ich mich bei meinem Arbeitgeber fühlen? Ist meine Stelle sicher? Am Anfang meiner Berufslaufbahn habe ich bei dem einen oder anderen größeren Unternehmen noch Menschen kennengelernt, die ihr 30- oder sogar 40jähriges Berufsjubiläum beim selben Arbeitgeber gefeiert haben. Einige von diesen Unternehmen wurden später aufgekauft und ich musste dann auch erleben, wie lang-gediente Mitarbeiter „abgewickelt" wurden. Dies ist heute immer mehr zur Normalität geworden. Man fängt nicht mehr bei einer Arbeitgeberin an und bleibt dort sein ganzes Leben. Man rechnet damit gar nicht mehr. Und man findet es meist auch nicht mehr attraktiv. Da die vermeintliche Sicherheit nach einem festen Arbeitsplatz sowieso nicht mehr eingehalten wird, muss man auch nicht seine Seele an ein und dieselbe Arbeitgeberin verkaufen. Stattdessen lernen viele junge Menschen befristete Anstellungsverhältnisse und Werkverträge kennen. Arbeit verändert sich und damit der Stellenwert von Arbeit allgemein. Einige reagieren darauf mit der Suche nach der festen sicheren Anstellung. Möglichst unbefristet. Dafür werden viele Kompromisse eingegangen, was die Arbeitsweise, die Inhalte und die Arbeitsbelastung angeht. Ich bin manchmal erstaunt, wie viel Stress und Belastung aufgenommen wird, weil die Stelle halt so sicher ist. Und man diese Sicherheit braucht, um den eigenen Lebensstil zu finanzieren. Denn das Leben verursacht Kosten, in der Konsequenz kann die Arbeit nicht reduziert oder gar beendet werden. Denn die Kosten wollen ja gedeckt werden. Dabei schaukeln sich Einnahmen und Ausgaben in einem faszinierenden Gleichgewicht hoch. Günstigstenfalls.

Ich habe auch mit Menschen zu tun, bei denen sich die Ausgaben schneller entwickeln, als die Einnahmen. Logisch, dass sich hier der Druck, auf jeden Fall die Stelle zu behalten, nochmals erhöht. Bei meinen Selbständigen erlebe ich auch viel Druck. Oft werden die Angebote und Preise in der Gründungsphase nach den Lebenshaltungskosten festgelegt. Das Ziel sind monatlich 6.000 €, also braucht es entsprechend monatlich 60 Stunden, die für 100 € verkauft werden. Logisch, dass der Druck steigt, wenn es nicht genügend Kunden gibt, die diese Stunden in Anspruch nehmen und bezahlen. Hier entsteht dann gerne ein anstrengender Teufelskreis: Der Kunde spürt, dass er dringend gebraucht wird. Man will aber nicht händeringend für die Einkünfte eines Anderen zuständig sein, sondern frei die entsprechende Dienstleistung in Anspruch nehmen, wenn man diese eben gerade braucht. Ohne Verpflichtung und ohne schlechtes Gewissen, wenn man sich aus welchen Gründen auch immer abwendet. Um keine Verpflichtung einzugehen, bucht man die Dienstleistung bereits beim ersten Mal nicht oder bleibt, wenn man den Druck erst später unbewusst spürt, dann schnell weg. Die Existenzangst steigt.

Viele Menschen sorgen sich um die Sicherheit ihrer Arbeitsstelle bzw. ihres Einkommens. Bei Selbständigen ist dies meist präsenter, bei Angestellten wird es immer dann ein Thema, wenn die Firma sich verkleinern muss oder wenn sich der Standort verändern soll oder wenn es keinen geeigneten Nachfolger für die jetzigen Inhaberinnen gibt. Immer dann – und wahrscheinlich noch in vielen anderen Situationen – wird das eigene Lebenskonstrukt in Frage gestellt. Die Frage ist simpel: Kann ich mir mit Lohnersatzleistungen meinen Lebensstil leisten und werde ich wieder was Neues finden? Für viele kommt hier eine reale Existenzangst ins Spiel.

Unsere Arbeitssicherheit wird sich in Zukunft durch weitere Automatisierung und Digitalisierung noch verringern. Es wird einfach weniger Arbeit geben, für die

Unternehmen oder Andere bereit sind, zu zahlen. Aus diesen Zukunftsaussichten und sicherlich auch aus einer Unzufriedenheit, dass Arbeit heute für viele nur noch schlichte Notwendigkeit zum Überleben ist, entstand und entsteht immer mehr eine wachsende Bewegung, die das bedingungslose Grundeinkommen in Deutschland und in vielen anderen Ländern fordert. Zur Bundestagswahl 2017 ist zum ersten Mal eine Partei[1] mit dieser Botschaft angetreten. Ein Signal an alle anderen Parteien, sich diesem Thema zuzuwenden und es nicht als Phantasterei abzutun.

In den jüngeren Generationen wird außerdem der Wert der Arbeit immer mehr in Frage gestellt. Die Nachkriegsjahre in denen eifrig aufgebaut und damit gearbeitet wurde, sind vorbei. Auch die Generation aus den etwa 70ger Jahren im Westen und im Osten noch früher – bei denen Männer wie Frauen gearbeitet und Kinder großgezogen haben, wird heute teilweise kritisch angeschaut. Einfach, weil wenig Zeit für die eigene Person, für das eigene Leben blieb. Muss man sein gesamtes Leben – bis auf die Randzeiten der Kindheit und der Rente – wirklich dem stetigen Arbeitsleben widmen? Freiheiten wie Arbeitszeiten zu Hause, mehr Urlaubstage und flexible Arbeitsformen werden bei der Wahl der Stelle wichtiger. Besonders bei denen, bei denen sich bereits ein Bewerbermangel auf Stellen bemerkbar macht und

---

[1] Die Partei hat den Namen Bündnis Grundeinkommen https://www.buendnis-grundeinkommen.de

die sich entsprechend erlauben dürfen, Forderungen an ihr Stellenprofil zu stellen. Dazu kommt ein immer kritischerer Blick auf viele Arbeitsstellen, die heute so angeboten werden. Macht es wirklich Sinn, Werbung zu gestalten für Produkte, die ich gar nicht kaufen will? Macht es Sinn, in welcher Form auch immer an der Pestizidproduktion, an Waffenproduktionen oder am Abbau von Braunkohle beteiligt zu sein? Machen wir unsere Welt damit wirklich besser? Wie absurd wird es dann erst, wenn bestimmte Praktiken unbedingt beibehalten werden sollen, wie beispielsweise den Braunkohleabbau, nur um Arbeitsplätze zu schützen. Kein Wunder, dass sich gegen die Arbeitswelt immer mehr leiser Widerstand regt. Konkret in dem Ziel vieler Menschen, sich anständige Stellen zu suchen. Jobs mit Sinn haben Konjunktur, denn man muss ja schließlich irgendwas machen.

Einige gehen noch radikaler heran. Sie bauen an ihrem eigenen Grundeinkommen. Sie gestalten ihr Leben anders, als es vom Mainstream als normal wahrgenommen wird. Mich faszinieren diese individuellen Lösungen sehr. Ursprünglich habe ich Menschen gesucht, die die finanzielle Freiheit angestrebt haben. Erst dachte ich, diese Menschen haben komplett ausgesorgt, müssen nie wieder was machen und verbringen ihre Tage im Süden. Im Rahmen vieler Gespräche bin ich schlauer geworden. Ich habe mich viel über den Sinn der finanziellen Freiheit ausgetauscht und sehr genau hingeschaut, warum Menschen dies machen. Es geht ihnen um die Freiheit, selbst entscheiden zu dürfen, nicht von einem Arbeitgeber oder Kundinnen abhängig zu sein und auch keine Existenzangst empfinden zu müssen. Dabei ging es fast nie um unendlichen Reichtum, nicht mal um ein luxuriöses Leben. Luxus ist Zeit und Selbstbestimmung. Je intensiver ich mich mit dem Thema befasst habe, desto mehr kam für mich die Erkenntnis, dass hier die Zielstellungen des bedingungslosen Grundeinkommens von einzelnen Menschen individuell verwirklicht wurden. Meine Gesprächspartner haben nicht auf eine staatliche Entscheidung für ein generelles Grundeinkommen gewartet. Stattdessen haben sie ihr Leben so gestaltet, dass sie auf der einen Seite wenig Geld brauchen und auf der anderen Seite genügend Geld da ist, um sparsam aus den Erträgen zu leben.

Wir alle arbeiten übrigens an unserem eigenen bedingungslosen Grundeinkommen. Je nach Anstrengung und Aufwand wird es höher oder niedriger ausfallen, wir haben auch das Risiko, dass wir es nicht erleben werden. Wenn wir es erleben, nennen wir es Rente. Für diese Rente haben wir investiert. Teilweise hat dies der Staat für uns übernommen und gleich den Rentenbeitrag von unserem Gehalt eingezogen. Teilweise hat dies auch noch der Betrieb unterstützt, für den wir arbeiten und in eine Betriebsrente eingezahlt. Und zunehmend werden wir auch selbst in die Pflicht genommen und zahlen in unserem aktiven Berufsleben in eine private Altersvorsorge ein. Wenn wir gut gerechnet haben, dann entsteht irgendwann die finanzielle Freiheit. Nämlich der Zustand, dass wir mit unseren Einkommen aus der Altersvorsorge unsere Lebenshaltungskosten decken können. Haben wir zu knapp kalkuliert, dann verfügen wir auch nach 65 oder 67 nur über ein Grundeinkommen und müssen uns wahlweise in unserem Lebensstandard einschränken oder eben doch noch dazuverdienen. Wir sind es also alle gewöhnt, für unsere finanzielle Freiheit oder unser Grundeinkommen zu arbeiten. Der gesellschaftliche Konsens sieht dafür eine Altersgrenze um die 65 vor. Die wird sich in den nächsten Jahrzehnten wahrscheinlich eher nach oben verschieben. Das soll einzelne aber nicht daran hindern, die eigene Grenze weiter nach vorne zu schieben. Mit einem Grundeinkommen ist es eben auch schon möglich mit 35 mit der klassischen Erwerbsarbeit, dem Zwang arbeiten zu müssen, auszusteigen. Oder eben mit 40, mit 45 und für viele ist es auch ein Traum sich dies mit 55 oder 60 verwirklichen zu können. Und da man in diesem Alter hoffentlich gerne noch aktiv ist, reicht sozusagen die Grundrente. Denn es wird sich, vielleicht nach einer Zeit des Ausruhens, wieder ein Modus einstellen, in dem man Lust hat, was zu machen. Zumindest war das bei fast allen Menschen so, mit denen ich im Laufe meiner Recherche sprechen durfte.

Gerne stelle ich meine Gesprächspartner hier kurz vor. Sie werden im Laufe des Buches immer wieder über ihren Weg und von ihren Erfahrungen berichten. Die Interviews in Langform habe ich bereits in meinem

Buch „Finanzielle Freiheit" veröffentlicht, allerdings wurden sie für dieses Buch zum Teil aktualisiert.

Emma und Robert, beide in den 30gern, haben zum Zeitpunkt unseres Gesprächs noch in Deutschland gelebt. Sie ist Schottin, er ist Teil der ungarischen Minderheit in Rumänien. Sie haben zwei kleine Kinder und haben es beide geschafft, durch viel Eifer und mit Hilfe von Immobilien vor drei Jahren die klassische Erwerbsarbeit hinter sich zu lassen. Nachdem sie auch mit ihren Gedanken freier waren, haben sie sich nun auch entschieden, ihren Wohnort nach Rumänien zu verlagern. Um in der Nähe seiner Eltern sein zu können und um das deutlich ruhigere Leben in Rumänien zu genießen. Über ihr Leben bloggen sie auf dem Blog www.whatlifecouldbe.eu.

Melanie ist Anfang 40 und hat schon früh davon geträumt, nicht immer arbeiten zu müssen. Ihr war auch klar, dass dies am besten mit Immobilien geht und sie hat mit Hilfe von Bausparverträgen früh angefangen, Wohnungen zu erwerben. Durch Umstrukturierungen in ihrer Firma nutzte sie eine günstige Ausstiegsgelegenheit und beendete vor wenigen Jahren ihre Tätigkeit. Sie lebt nun von ihren Mieteinnahmen.

Monika, knapp 50, hat ihr Ziel des Grundeinkommens auch mit Immobilien sowie mit Aktien erreicht. Nach einer kurzen Phase des Nichtstuns ist sie sehr schnell zum Ergebnis gekommen, dass Arbeit viel mehr ist, als nur Broterwerb. Den Luxus, Geld nicht als notwendiges Mittel zum Leben, sondern als Maßstab der Anerkennung wahrnehmen zu können, bewertet sie als ein großes Glück in ihrem Leben. Sie bloggt mit anderen Frauen auf der Seite www.klunkerchen.com.

Brandon ist auch in seinen 30gern und lebt mit seiner Frau Jill in Schottland. Ich bin froh, dass ich ihn kennenlernen durfte, da ich so auch Zugang zu den Gedanken eines US-Amerikaners hatte. In den USA ist der Gedanken der finanziellen Freiheit viel weiterverbreitet als in Europa. In seinen Augen liegt das an den höheren Gehältern, ich habe das nicht überprüft. Er hat im letzten Jahr seinen Job gekündigt. Seine Leidenschaft steckt er in seinen Blog www.madfientist.com sowie in ausgiebige Reisen mit seiner Frau.

Alex ist Anfang 40 und hat eine kleine Tochter. Er lebt mit seiner Familie im Süden von München. Alex kündigte 2014 seinen Festangestellten-Job bei einer Bausparkasse. Diesen Schritt konnte er wagen, da er sich bereits nebenher ein selbstständiges Einkommen mit diversen Internetangeboten aufgebaut hatte und sein Geld erfolgreich mit Dividendenaktien vermehrt hatte. Inzwischen reist er dauerhaft mit Frau und Kind um die Welt.

Lars ist Mitte 40 und berichtet von einem langen Leben als ganz normaler Angestellter. Bis er irgendwann aufwachte und einen komplett anderen Weg einschlug.

Mit Hilfe von Aktien konnte er es irgendwann wagen, aus seinem Arbeitsverhältnis auszusteigen. Nach einer kurzen, auch gesundheitlich bedingten, Pause hat er sich dann der Geldbildung verschrieben. Heute schult er in seiner Finanzakademie[2] viele Menschen und macht sie in Sachen Geldanlage fit.

Christian ist Anfang 30, hat drei Kinder und lebt mit seiner Frau und Familie in der Nähe von München. Er hat es geschafft, sich ein ansehnliches Grundeinkommen zu schaffen und nutzte dieses zunächst, um in einer selbstgewählten Elternzeit seine kleinen Kinder intensiv zu erleben. Er betreibt zudem eine Internetseite, auf der er seine Investments und Erfahrungen teilt: www.dasrenditeprojekt.de. Nachdem wir unser Interview geführt hatten, sind wir in Kontakt geblieben. Er kann seine Leidenschaft für Immobilien, besonders in Ostdeutschland, nicht lassen und hat für die Beratung in Sachen Immobilienerwerb inzwischen eine eigene GmbH gegründet.

Vincent, auch Anfang 40, lebte lange in Südfrankreich und baute sich dort gute passive Kapitaleinkünfte auf. Inzwischen ist er wieder zurück in Deutschland, nach der 3 Tage Woche an Wochenenden in Frankreich hatte er sich zunächst eine viermonatige Auszeit genommen und arbeitet nun wieder 28 Stunden, allerdings normal in der Woche (Mo-Do). Sein Ziel ist die Wochenarbeitszeit zunächst auf die geringste mögliche Zahl von

---

[2] https://passivergeldfluss.academy

15 Stunden zu senken. Auch wenn er sein Einkommen aus dem Angestelltenverhältnis zum Leben nicht mehr braucht, so will er doch auf die Annehmlichkeiten wie Krankenversicherung, Rentenpunkte usw. noch nicht verzichten. Stolz berichtet er mir von seinem 25jährigen Betriebsjubiläum, da gibt es schon auch ein bisschen Bindung zum Unternehmen. Trotzdem will er immer wieder Auszeiten machen, die nächste längere Reise nach Australien ist schon geplant. Er bloggt auf seiner Seite: www.freakyfinance.net.

Die Sehnsucht nach einem selbstbestimmten Leben ist an unzähligen Stellen zu spüren und im Augenblick sehr modern. Bei einem Geld-Seminar, als es um den Aufbau von Vermögen durch viele verschiedene passive Einkommensströme ging, brachte eine ältere Journalistin einen verwunderten Einspruch ein. Sie erzählte, wie sie ihren Beruf damals vor 40 Jahren ausgesucht hat. Es ging um Neigung und Freude an einem möglichen Beruf. Ihr ging es nicht so sehr ums Einkommen, trotzdem blickt sie auf ein auskömmliches Leben zurück und eben auf ein spannendes Berufsleben. Ich glaube, dass sich hier in den letzten Jahren und Jahrzehnten etwas massiv verändert hat. Unsere Arbeitswelt ist ausbeuterischer geworden. Ich formuliere das mal bewusst so drastisch. Menschen erleben einen stärkeren Druck, Jobsicherheit ist ein Fremdwort geworden, dafür wird aber mehr Einsatz nach dem eigentlichen Feierabend gefordert. Immerhin ermöglicht das Smartphone Erreichbarkeit an Wochenenden und im Urlaub. Als ich vor etwa 20 Jahren meine erste Anstellung angetreten habe, gab es noch Weihnachts- und Urlaubsgeld. Für viele jungen Menschen heute ein totales Fremdwort. Dafür erdreisten sich viele hippe Arbeitgeber spannende Aufgaben in Form von Praktika auszuschreiben – immerhin darf man ja dankbar sein, wenn man was Spannendes lernt. In der Selbständigkeit ist es leider für viele auch nicht besser. Glücklich sind die, die ihre Preise verteidigen können. Gestresst sind die, denen immer mehr abverlangt wird. An mich wurde neulich ein Projekt der Wirtschaftsförderung Berlin herangetragen. Stundenlohn 18 € - ich habe mir erlaubt, vorzurechnen, dass mir bei diesem freiberuflichen Stundensatz nach Abzug aller Kosten gerade mal ein Euro bleibt. Und dies von der Wirtschaftsförderung! In vielen anderen Bereichen wie Musikschulen, überhaupt Weiterbildungseinrichtungen, bei Hebammen oder Stadtführern, es ist immer das gleiche Lied: Ich kann meiner Leidenschaft nachgehen, aber würdevoll von meinem Einkommen leben, das geht nicht. Bei Selbständigen kommt noch die unterschiedliche Auftragslage hinzu. Mal reicht es oder ist es sogar sehr gut und in anderen Zeiten ist es dann wieder recht dünn. Kein Wunder, dass hier ein Grundeinkommen eine große Erleichterung wäre. Letztlich haben auch entsprechend negative Erfahrungen bei meinen Gesprächspartnern dazu geführt, nach anderen Wegen zu suchen. Durchgängig konnten sich alle nicht mehr vorstellen, ein Leben lang angestellt zu arbeiten. Dazu hatten die meisten irgendwann schlechten Erfahrungen gemacht. Keine Erfahrungen, die grausam gewesen wären. Aber eben Momente von zu viel Belastung, zu wenig Wertschätzung und das dumpfe Gefühl, sinnlose Besprechungen oder Tätigkeiten ausführen zu müssen. Oder sie haben gesehen, wie die älteren Kollegen enden und fanden das nicht erstrebenswert. Vincent, der noch als Techniker angestellt ist, schildert mir seine Motivation so: *Schon nach der Ausbildung habe ich oft gesagt, dass ich mit 30 gerne in Rente gehen würde. Schon damals habe ich viel gearbeitet, gut verdient und das Meiste investiert, damit es auch mit der angestrebten „Frührente" klappt. Vorbilder hatte ich dabei keine. Höchstens im umgekehrten Sinne. Ich habe die älteren Kollegen angesehen. Oft kamen die mir unzufrieden, teilweise verbittert vor. Und das obwohl wir in einer wirklich tollen Firma mit Spitzengehältern arbeiten. So wollte ich jedenfalls nicht „enden".*

Das hatte ich also schon mal verstanden, ein finanzieller Puffer liefert Freiheit und Unabhängigkeit sowie auch noch Sicherheit. Dabei liegt der Luxus am Ende nicht in der Geldmenge, sondern in der freien Verfügbarkeit von Zeit. Zeit zu haben, um teils Geld zu verdienen oder eben auch nicht. Der ausschlaggebende Faktor besteht darin, dass man keine Dinge tun muss, die andere einem vorgeben. Was sich meine Gesprächspartner „erkaufen" ist Zeit und individuelle Freiheit.

Ist Arbeit unser Lebenssinn?

Unser Leben, ja unsere ganze Identität, wird stark von der Arbeit geprägt. Die meisten sagen nicht, ich gehe der und der Tätigkeit nach, sondern formulieren ganz klar: Ich bin .... Die eigene Identität wird maßgeblich vom Job bestimmt. Dabei spielt dann nicht nur die eigentliche Tätigkeit eine Rolle, sondern eben auch der Titel. Und der Eifer, mit dem wir der ganzen Verantwortung und unserer vermeintlichen Wichtigkeit gerecht werden. Viele können sich entsprechend nicht vorstellen, Teilzeit zu arbeiten. Sie müssen immer ansprechbar sein. Das reicht oft weit über die vereinbarten 40 Stunden hinaus.

War das schon immer so?

Man hat ja oft den Eindruck, dass wir mit unserem Arbeitsleben Gesetzmäßigkeiten abbilden, die schon immer so waren. Die eben auch so sein müssen. Weil es nicht anders vorstellbar ist. Ich habe mich ein bisschen auf die Suche gemacht, ob wir schon immer so gearbeitet haben. Schon allein ein kurzer Blick Richtung meiner eigenen Vorfahren spricht eine andere Sprache. Zumindest für uns Frauen hat sich dies erst in den letzten 50 Jahren grundlegend verändert. Wir dürfen arbeiten. Für viele ist dieses *dürfen* aber bereits zum *müssen* geworden. Aber schauen wir doch noch ein bisschen weiter in die Vergangenheit. Tatsächlich war die Welt schon immer irgendwie zweigeteilt. Die einen haben gearbeitet, die anderen nicht. Wobei sich auch dies erst herauskristallisiert hat. Viele Jahrtausende waren Menschen als Jäger und Sammlerinnen unterwegs. Sie haben sich von der Jagd und von Früchten ernährt. Der Lohn wurde als Kaninchen ausgezahlt, wahlweise auch als eine Handvoll Beeren. War es nicht genug, musste man noch ein bisschen arbeiten. War es zu viel, hat man die Gemeinschaft eingeladen und miteinander geteilt. Um nicht zu sagen, das gemeinsame Wirtschaften und Teilen war ohnehin lebensnotwendig. Ich nehme nicht an, dass hier jemand über eine Work-Life Balance nachgedacht hat. Zumal man ja auch nicht den ganzen Tag gejagt oder gesammelt hat, es also ohnehin viel freie Zeit gab. Das war normal, darüber hat wahrscheinlich keiner nachgedacht.

Im alten Griechenland oder im Rom der Antike wurde Arbeit als etwas Niedriges und Würdeloses erachtet, mit der sich ein Bürger möglichst nicht befasst hat. Der zivilisierte Mensch hat geredet, philosophiert, verhandelt und vielleicht noch Geschäfte abgeschlossen. Anstrengende, monotone Arbeit wurde von Sklaven verrichtet, weil Arbeit an sich als mühevoll, geistlos und als Ablenkung vom eigentlichen Leben angesehen wurde. Das eigentliche Leben wurde definitiv nicht als Arbeit angesehen, sondern lag in der Schulung des Geistes und des Körpers.

Wann also kam die Arbeit als sinnvolle Tätigkeit ins Spiel? Haben die Christen dies eingebracht? Die auch nicht. Zumindest die frühen Christen haben Arbeit auch als etwas Negatives angesehen. Das Joch der Arbeit, welches Adam von Gott auferlegt wurde, wurde klar als Strafe verstanden. Ein bisschen hat sich dies im Mittelalter geändert. Mönche erklärten in England körperliche Arbeit als eine Art des physischen Gebets. Solange die niederen Arbeiten sie nicht davon abhielten zu beten, haben sie dem Ansehen der Mönche nicht geschadet. Wobei hier sicherlich die Frage erlaubt ist, ob dies für alle Kirchenoberen galt, oder eben nur für bestimmte Mönche. In der Renaissance unterschied man immer noch zwischen geistiger und körperlicher Arbeit, Handwerk bekam dabei aber eine immer größere Bedeutung und wurde sehr wertgeschätzt. Aber selbst Künstler erledigten nicht alle Arbeiten selber. Sie hatten die Ideen und legten den Grundstein für ein Kunstwerk an. Die eigentliche Durchführung einer Arbeit galt allerdings weiterhin als minderwertig und Fluch beladen und wurde gerne an „niedere Menschen" delegiert. Wir haben also in unseren Vorzeiten bereits eine Arbeitsteilung. Es gab Menschen, die arbeiten mussten und andere haben dies nicht getan. Der Unterschied zu heute liegt in meinen Augen in der Wertigkeit von Arbeit oder Nicht-Arbeit. Es gab also Zeiten, in denen es ein Privileg war, nicht zu arbeiten und in denen Menschen, die sich dies erlauben konnten, sehr viel Wertschätzung zuteil kam. Das hat sich grundlegend geändert und diese Änderung kam mit den Protestanten.

Konkret mit Martin Luther und Johannes Calvin. Natürlich nicht sofort, aber sie legten den Grundstein. Sie definierten Arbeit als eine Tugend, die einem von Gott auferlegt wurde oder mit der man Gott gefallen konnte. Mit den Puritanern überquerte die protestantische Arbeitsethik den Atlantik. In leicht verweltlichter Form machte auch Benjamin Franklin sich diese zu eigen und propagierte unter anderem harte Arbeit als menschliche Tugend. Anfangs wurde die damit einhergehende abhängige Beschäftigung nur als temporärer Zweck angesehen. Für andere Lebensziele sollte Geld gespart werden. Beispielsweise um dann ein Stück Land zu kaufen oder ein eigenes Geschäft aufzumachen. Die Zufriedenheit wurde viel in Selbstbestimmung definiert. Mit der Industrialisierung wurden solche Möglichkeiten immer seltener, da mehr Arbeiter gebraucht wurden und diese sich auf fremdbestimmtes Arbeiten immer mehr einlassen sollten. Im Interesse der Arbeitgeber war es jetzt, dass alle Arbeiter möglichst ihr ganzes Leben schön brav in der Firma bleiben. Die Wertschätzung für Handwerker und andere Selbständige schwand, stattdessen wurde die abhängige Beschäftigung immer mehr als Normalität wahrgenommen.

Wie sieht unser Arbeitsleben heute aus?

Wir leben auch heute noch in einer Welt, die von diesem protestantischen Arbeitsethos geprägt ist. Er wird auch kaum noch hinterfragt, obwohl die protestantischen Gründe nicht mehr als Motivator fungieren. Von der Vorstellung, dass wir mit unserer Arbeit zum Gefallen Gottes unterwegs sind, sind wir inzwischen wohl relativ weit entfernt. Auch glaube ich nicht, dass viele Menschen im Büro ackern, damit sie für ihre Mühen im Jenseits belohnt werden.

Wir finden unseren Weg in die Berufswelt und sind erstmal froh, wenn wir einen Job gefunden haben. Wie die Bedingungen dann im Einzelnen sind, ist oft fast egal. Hauptsache Job. Morgens um 6.30 Uhr klingelt der Wecker, schnell unter die Dusche und ein bisschen Frühstück, auf dem Weg zur Arbeit treffen wir viel zu viele von den Anderen. Die auf demselben Weg sind. Wir stehen zu eng in der U-Bahn oder im Zug, wir warten an zugigen Haltestellen oder stehen im Stau. Auf der Arbeit setzen wir unsere professionelle Miene auf, sind nett zu Kunden, unterwürfig zum Chef, wissen oft nicht, wie wir unsere ganze Arbeit schaffen sollen und versuchen in zahlreichen Meetings die gute Laune zu behalten. Je nach Arbeitsbelastung und Arbeitskultur machen wir uns nachmittags oder abends auf den Weg zurück. Das machen wir 5 Tage die Woche, am Samstag kaufen wir ein bisschen ein oder belohnen uns für die Woche und am Sonntag fangen wir kollektiv an zu jammern, dass morgen wieder Montag ist. Sicherlich ist nicht jede Arbeitswoche bei jedem Menschen so. Aber wahrscheinlich viel zu Viele.

Und warum? Weil wir zunächst froh sind, dass wir einen Job haben. Weil wir uns an anderen Menschen orientieren, die es schon geschafft haben und wir uns schnell am Lebensstil der anderen messen. Also brauchen wir mit dem ersten Job auch eine größere Wohnung und ein besseres Auto. Die Kosten steigen mit jeder Gehaltserhöhung synchron mit. Unterbewusst leben die meisten ein Leben, welches sich immer noch steigern muss. Welches besser sein muss als das Leben der Eltern. Besser als das Leben der Nachbarin. Wer vergleicht sich schon mit einem deutlich ärmeren Menschen und generiert daraus Dankbarkeit und das Gefühl von Reichtum und Fülle?

Dazu kommt für die, die studiert haben oder eine andere kreditbasierte Ausbildung genossen haben, gleich der erste Zwang. Sie müssen ihren Ausbildungskredit zurückzahlen. Ein Blick in die reale Arbeitswelt nach dem Studium mit dem Ergebnis, dies nicht zu wollen, ist also schon mit einer erheblichen Hürde versehen. Wir fangen mit dem Berufsleben oft bereits verschuldet an, ein Ausstieg an dieser Stelle ist nicht vorgesehen.

Wir arbeiten also aus einer Mischung aus Sachzwängen, wie die Tilgung von Studienschulden, aus Gewohnheit, weil es eben alle tun und weil wir in unserer Konsumwelt mithalten wollen. Sachzwängen kann man strategisch ausweichen, aber ich gebe zu, das braucht oft kritischen Weitblick. Zumal ja alle so handeln, es bedarf eines kritischen Kopfes den Herdentrieb, die Gewohnheit zu hinterfragen. Dies gilt auch für unseren Konsum, wenn wir dann über ein erstes Gehalt verfügen. Die meisten Menschen bringen erschreckend wenig Geldbildung mit, wenn da regelmäßig Geld auf dem eigenen Konto liegt. Unser Lebensstil lässt sich beliebig jedem Gehalt anpassen, es werden immer neue spannende und manchmal völlig sinnentleerte Konsumwünsche generiert. Hauptsache, wir können mithalten oder eben noch ein bisschen besser dastehen als unser Umfeld. Unser Ego wird natürlich auch unterstützt, wenn wir auf einer Party sagen können, wir arbeiten als Geschäftsführerin, Anwältin oder als Feuerwehrmann. Wobei sich die Aussage selbst kritisch überprüfen lässt. In zweierlei Hinsicht. Einmal, in der Frage von Stolz oder auf der anderen Seite einem Gefühl von Peinlichkeit. Entspricht der eigene Job den eigenen Erwartungen? Oder ist es eher peinlich anderen Menschen zu sagen, was man beruflich macht? Benutzt man vielleicht sogar eine Bezeichnung, die die eigene Tätigkeit besonders hervorhebt, obwohl dies der Berufsalltag gar nicht hergibt. Ein Freund hat mir jahrelang erzählt, er arbeite in einer Keksfabrik. Das es Hundekekse waren, hat er mir immer verschwiegen. Für mich wäre es irrelevant gewesen, ihm war es offensichtlich peinlich. Eine weitere Überprüfung liegt in der Erweiterung der eigenen Identität. Sind wir wirklich nur Geschäftsführerin? Oder nicht auch Mutter, Tochter, Gärtnerin, Malerin, Freundin oder Reisende? Warum reduzieren wir uns auf eine Tätigkeit, eine Identitätsbezeichnung, nur weil wir mit dieser Geld verdienen? Wie abhängig machen wir uns mindestens unterbewusst davon, dass wir dann in dieser Tätigkeit gut sein müssen. Ich habe schon viele Führungskräfte begleitet, die überraschend gekündigt wurden. Die sich als den Kopf einer Einrichtung verstanden haben und der dazugehörige Vorstand dann doch anders entschieden hat. Je größer die Identität dort verhaftet war, desto schwieriger war der Weg nach draußen. Ganz zu schweigen von den Menschen, die sich so sehr mit ihrer Tätigkeit verbunden haben, dass sie heftige Signale des Körpers brauchen, um eine Pause einzulegen oder die, die auf dem Weg in die Rente zügig versterben. Bei Letzteren gab es keine Perspektive jenseits des Jobs, bei ersteren ist der Weg ein langer und steiniger, wieder zur Ruhe zu kommen und auch noch andere Perspektiven des Lebens zu entdecken.

Wer findet ein Grundeinkommen attraktiv?

Ich habe in meinen Recherchen mit sehr vielen Menschen gesprochen. Nicht alle Menschen finden es erstrebenswert, sich ein eigenes Grundeinkommen zu schaffen. Viele leben im Hier und Jetzt und wollen es sich gut gehen lassen. Warum also Kapital anhäufen, wer weiß denn, ob ich nicht vielleicht morgen schon tot bin. Andere finden ihre Arbeit so spannend und erfüllend, dass eine zusätzliche Geldquelle für sie gar keinen Sinn macht. Und dann habe ich solche kennengelernt, die den Druck brauchen, Geld verdienen zu müssen, um so immer wieder im Job gute Leistung zu bringen. Viele verschiedene Motivationen, die eine Anstrengung zum Aufbau eines Grundeinkommens nicht besonders attraktiv erscheinen lassen. Ich freue mich aber schon sehr, wenn auch diese Menschen, die im Hier und Jetzt leben, genügend Offenheit für ein auskömmliches Einkommen im Alter mitbringen. Denn der früher herrschende Pakt, Mama Staat kümmert sich komplett um Dich, wenn Du alt bist, ist einfach schon eine ganze Weile aufgekündigt. Wer nicht bis 85 zumindest teilweise noch arbeiten will und wer nicht bis ins hohe Alter auf Grundsicherung angewiesen sein will, der muss heute was tun. Ist nicht schön, ist aber so. Und widerspricht zugegeben Werten, wie Genuss, das Leben in vollen Zügen zu genießen und Geld als aktuelle Belohnung wahrzunehmen.

Menschen, die ein Grundeinkommen oder gar die komplette Sicherung der Lebenshaltungskosten durch Kapitaleinkünfte anstreben, nennen andere Werte. Unabhängigkeit wird dabei sehr oft genannt. Die Möglichkeit, dem Chef sagen zu können, ich mache nicht mehr mit, wird von diesen Menschen als sehr attraktiv eingeschätzt. Zu dem Wert der Unabhängigkeit wird auch Freiheit als häufiger Begriff verwendet. Die Freiheit, im Leben nicht immer dasselbe machen zu müssen. Die Freiheit ein Jahr durch die Welt zu reisen oder die Freiheit mal was Neues auszuprobieren. Diese Möglichkeit wird von Freunden des Grundeinkommens sehr hoch geschätzt. Und dann ist da noch die Sicherheit. Keine Existenzangst haben zu müssen. Sie wird sehr häufig als Wert genannt. Wer Sicherheit im Leben als ein wertvolles Ziel einschätzt, dem wird ein finanzieller Puffer sehr helfen. Menschen, mit dem Wert Sicherheit als hohe Motivationstriebfeder sind übrigens die, die gerne immer mehr anhäufen. Denn das Sicherheitsbedürfnis kann oft nicht mit einer Summe X befriedigt werden, sondern ist unersättlich. Zumal das Leben ja tatsächlich nicht planbar ist und deshalb möglichst viel finanzielle Sicherheit das Unplanbare erträglicher macht. Monika definiert ihre Werte folgendermaßen und ist damit eine eindeutige Kandidatin für ein selbst aufgebautes Grundeinkommen: *Ich glaube, der gewünschte und bewusst entschiedene Wert für mein Leben ist Freiheit. Ich fand es schon immer abschreckend, irgendwo angestellt meine Zeit gegen Geld zu verkaufen. Eine ganze Zeitlang habe ich das gemacht, aber so richtig super fand ich das nicht. Deshalb auch der Plan, möglichst schnell finanziell unabhängiger zu sein. Ein weiterer Wert, den ich gar nicht so toll finde, der mich aber unbewusst sicherlich auch antreibt, ist das Streben nach Sicherheit. Da würde ich mir manchmal mehr Leichtigkeit wünschen. Aber mein eigener Sicherheitsmanager wacht da doch sehr über mich. Das ist dann auch die Angst, es könnte am Ende nicht reichen. Ich habe schon zig Excel-Tabellen gebaut und rauf und runter gerechnet. In Zeiten von inneren Unsicherheiten muss ich die dann öffnen und den Zinssatz ein bisschen nach unten oder oben verschieben. Diese Unsicherheit habe ich wohl von meinen Eltern übernommen. Sie sind kurz vor dem 2. Weltkrieg geboren und tragen die Angst, alles zu verlieren, schon noch in sich. Das hat mich in meiner Kindheit sehr geprägt und färbt wahrscheinlich auch heute noch sehr ab.*

Menschen, die sich auf den Weg gemacht haben, berichten alle natürlich auch von Zielen. Melanie, 42, bereits mit einem guten Grundeinkommen versehen, antwortet mir auf die Frage, ab wann sie die Vorstellung hatte, nicht für Geld arbeiten zu müssen: *Diese Idee hatte ich in der Tat schon sehr früh. Ich glaube mit 14 hatte ich das erste Mal davon gesprochen, dass ich das Ziel habe, von meinen Mieten zu leben.*

Dafür brauchte ich Geld. Also habe ich mir einen Job ausgesucht, bei dem ich ein wenig mehr Geld verdienen konnte. Außerdem war ich schon immer sparsam. Das sind für mich die Zutaten, die man braucht, um finanziell frei zu werden: Relativ gut im Job verdienen, der Wille, mehr zu leisten als der Durchschnitt, also beispielsweise auch mal Überstunden zu machen und insgesamt sparsam zu leben.

Emma und Robert, sie Schottin, er Ungar, haben sich auch recht früh ein Grundeinkommen aufgebaut. Ihr Weg war dabei geradezu ein bisschen zufällig:

Robert: *In 2007 habe ich in Deutschland einen Job als Softwareentwickler gefunden, die Firma wollte mich einstellen, konnte dies aber ohne eine Arbeitserlaubnis für mich nicht realisieren. Diese haben wir dann auch beantragt, sie wurde aber erstmal abgelehnt. Ich hatte als Plan B auch die Alternativvorstellung, als Freelancer für die Firma zu arbeiten. Mit dem Vorteil, dass ich auch andere kleinere Kunden behalten konnte. So haben wir es gemacht und im Nachhinein war das für mich das Beste, was mir passieren konnte. Mehr Geld, mehr Freiheiten und weniger Abgaben. Gleichzeitig bedeutete das aber auch mehr Arbeit, aber in der damaligen Lebensphase war das in Ordnung für mich.*

Schnell habe ich erfahren, dass ich keine Arbeitslosenversicherung und noch wichtiger, keine Rentenbeiträge leisten muss. „Wow!", dachte ich! Logischerweise blieb als Selbständiger am Ende des Monats viel mehr Geld auf meinem Konto zurück. Super! Und hier komm ich zum Punkt „Rente". Das war der erste Auslöser in Richtung finanzielle Unabhängigkeit. Damals habe ich natürlich an Altersvorsorge gedacht. Es ist zwar schön keine Rentenbeiträge zu zahlen und mehr zu verdienen, was mache ich aber, wenn ich älter bin?

Also habe ich angefangen in private Rentenversicherungen zu „investieren", wenn auch mit einem ungutem Gefühl. Dann passierte ein paar Jahre nichts in diesem Bereich, zwar hatte ich kein großes Vertrauen in die privaten Rentenversicherungen, was Besseres kannte ich aber auch nicht. Ich zahlte einfach. Emma war in dieser Zeit klassisch angestellt. Sie hat in die gesetzliche Rente einbezahlt und hat sich über ihre Altersvorsorge keine großen Gedanken gemacht. Ich hätte es vermutlich auch nicht so intensiv gemacht, wenn ich angestellt gewesen wäre.

Emma: *Ja, genau. Altersvorsorge war erstmal nicht mein Thema. Unser Weg zur finanziellen Unabhängigkeit war schon ein langer Prozess. 2009 ist Robert auf das Buch Rich Dad Poor Dad gestoßen, ich habe es dann auch gelesen. Damals ging es darum, Finanzthemen besser zu verstehen und uns einen Überblick über unsere Ausgaben zu verschaffen. Robert Kiyosaki wurde mit 47 komplett finanziell frei. Die Idee fanden wir gut, und Robert hat sich das Ziel gesetzt, mit 50 dieses Ziel zu erreichen.*

Dann ist Robert 2012 auf „Der Millionär nebenan" gestoßen. Wir haben es als Hörbuch gehört und konnten uns besser mit den Ideen darin identifizieren. Besonders toll fanden wir die Statistik, dass von allen Einwanderergruppen in den USA die Ungaren und die Schotten prozentual die meisten Millionäre hatten (nur die Russen hatten mehr). Wahrscheinlich, weil die Ungarn fleißig und die Schotten geizig sind. Da dachten wir, dass wir ganz gute Karten haben! Robert hat dann im Internet recherchiert und ist da natürlich auf Mr. Money Mustache gestoßen. Er hat fleißig alle Beiträge gelesen und ich habe mich auch ein bisschen reingelesen. Die Ideen fand ich auch sehr interessant, eher vom Lebensstil her – mir war das mit den ETFs aber noch etwas zu kompliziert. Nach kurzer Zeit hat Robert sein Ziel geändert und wollte nun so schnell wie möglich finanziell frei werden und ein gutes Grundeinkommen aufbauen.

Ich fand diese Idee verlockend, weil ich mich wie ein Roboter in meinem Beruf gefühlt habe und keine Aufstiegschancen sehen konnte. Keine Möglichkeiten, etwas Neues zu lernen oder mehr Geld zu verdienen, immer nur genau das Gleiche zu machen. Das hat mich ziemlich fertiggemacht, und ich wollte einen Ausweg finden. Ich fing an, darüber nachzudenken, wie mein Leben aussehen könnte, wenn ich nicht mehr arbeiten müsste. Ich hätte endlich Zeit, das zu machen, was ich wollte. Dabei sind mir unzählige Dinge eingefallen, die ich gerne machen würde, wenn ich die Zeit hätte. Damit wurde auch ich überzeugte Anstreberin für den Aufbau unseres Grundeinkommens.

Für Christian war die Geburt der ersten Tochter der Auslöser, um über ein anderes Leben nachzudenken:

Der Gedanke hat sich über Jahre mehr und mehr herauskristallisiert. Insbesondere als wir die kleine Paula bekommen hatten, das war 2011, habe ich gemerkt, dass ich stärker ins Familienleben integriert sein und viel mehr mitbekommen möchte. Und der Tausch, im Verzicht auf Geld mehr Freizeit zu bekommen, ging für uns logischerweise nur mit einem

Grundstock an passivem Einkommen auf. Denn Unsummen anzusparen und dieses Vermögen dann zu verbrauchen war mit zwei durchschnittlichen Einkünften, ab dem ersten Nachwuchs mit sogar nur noch einem Einkommen, nicht möglich.

Im Gespräch mit Lars nannte dieser mir nicht nur seinen Auslöser, sondern gleich eine ganze Wegbeschreibung von 2004 bis heute: *Bis 2004 war ich so im ganz normalen Arbeitstrott drin. Ich habe als leitender Angestellter im Schichtdienst gearbeitet, es kam Geld rein und ich habe es wieder ausgegeben. In den Jahren davor habe ich auch immer mal wieder Schulden gemacht. Da war sicherlich ein Moment ausschlaggebend, als ich am Geldautomaten stand und einfach kein Geld bekommen habe. Das war für mich eine Art Aufwecker, ich habe gedacht, so kann das nicht weitergehen.*

2004 habe ich dann im Netz ein Investitionsspiel gespielt. Man konnte Geld in alle möglichen Produkte (Aktien, aber auch Sportwetten und viel mehr) investieren und hat dann entsprechend Geld dazuverdient oder eben auch weniger. Ich habe bei diesem Spiel einiges gelernt. Nach einem Jahr gab es das Spiel nicht mehr, bei mir blieb das Wissen, und so bin ich auch zur Börse gekommen. Ich habe dann erstmal mit schrägem Kleinhandel angefangen, also erstmal drei Aktien gekauft oder auch Fonds. Ohne die Gebühren im Blick zu haben. Dann war ich irgendwie angefixt: Ich habe mir meine Ausgaben Schritt für Schritt angeschaut. Erst habe ich aufgehört zu rauchen, später habe ich mein Auto abgeschafft. Bei beiden Punkten wusste ich, dass hier einiges an Geld reinging. Und in Berlin braucht man nun wirklich kein Auto, das Rauchen muss ich gar nicht erst kommentieren, oder? Im nächsten Schritt habe ich angefangen zu investieren, zunächst in Aktienfonds. Damit habe ich mich aber nicht wohlgefühlt, es sollte irgendwie schneller gehen. Eine Stufe weiter ging es, als ich das Prinzip von passivem Einkommen entdeckt habe. Unter anderem mit Büchern von Kyosaki, Bodo Schäfer und anderen. Ich habe also mehr Geld in Dividenden-ETFs und Einzelaktien gesteckt. Langsam ging es immer mehr voran. Entsprechend bin ich dabeigeblieben. Irgendwann war mein Vermögen sechsstellig, dann ging es immer schneller. Meine Erfahrungen habe ich 2011 in einem Buch „Aufwachen und finanziell umdenken" veröffentlicht und dann fortlaufend in meinem gleichnamigen Blog Finanziell-umdenken.info geteilt. Durch die Buchverkäufe und Werbung auf der Internetseite kam dann nochmal Geld dazu, wenn das auch seine Weile gedauert hat. Aber diese passiven Einkünfte nahmen dann doch Fahrt auf. Dass, was ich dann so an Geld pro Monat übrighatte, da würden sich andere freuen, wenn sie das an Gehalt hätten.

2012 habe ich gemerkt, dass meine passiven Einkünfte schon 50% meiner Ausgaben gedeckt haben. Das hat mich unglaublich motiviert. Ich habe noch mehr gespart und viel Energie in meinen Blog gesteckt. Und so wurde es immer mehr. Es beschleunigt sich wie beim Schneeballeffekt.

Das bedingungslose Grundeinkommen

Ein Grundeinkommen, welches für jeden vom Staat bereitgestellt wird, ist aktuell in vielfältigen Runden und gesellschaftlichen Zusammenhängen in der Diskussion. Hintergrund ist im Wesentlichen die sich verändernde Arbeitswelt, bei der in den nächsten Jahrzehnten viele Arbeitsplätze durch unterschiedliche Weiterentwicklungen im Bereich der Digitalisierung wegfallen werden. Es gibt zahlreiche Berechnungen, wie sich ein bedingungsloses Grundeinkommen rechnen würde. Es gibt in einigen Ländern die ersten Modellprojekte und natürlich gibt es auch viele Argumente dagegen.

Ich bin gespannt, ob ich in meinem Leben die Einführung eines Grundeinkommens in Deutschland und Europa noch erleben werde. Wenn ich schaue, wie lange Veränderungen in der Gesellschaft brauchen, wie beispielsweise der Fall der Berliner Mauer, der Ausstieg aus der Kernenergie oder die Möglichkeit für homosexuelle Menschen zu heiraten, dann brauchen neue Lösungen von der ersten Idee über Überlegungen zur Machbarkeit und ersten Modellversuchen bis zur gesellschaftlich breiten Akzeptanz und Umsetzung oft Jahrzehnte. Vielleicht erlebe ich das Grundeinkommen noch als kleine Ergänzung zu meiner Rente. Ich bin aktuell 50 Jahre alt und gehe am Ende des Babybooms aus den 60er Jahren in Rente. Wir werden die ersten Jahrgänge sein, die Rentenkürzungen so richtig zu spüren bekommen und gleichzeitig handelt es sich um eine große Gruppe und damit um Wählermacht. Kann sein, dass sich die Politik zumindest zu einer allgemeinen Grundrente entscheidet, um hier eine zu große Spaltung der Gesellschaft zu vermeiden. Ob es dann gleich zum bedingungslosen Grundeinkommen für alle kommt, mag ich nicht vorhersagen. Zumal viele Entscheidungen auch in der politischen Pipeline hängen bleiben und nie umgesetzt werden. Wir können leider nicht in die Zukunft schauen. Allerdings macht mich hoffnungsfroh, dass alle oben beschriebenen großen Veränderungen bereits in meinem bisherigen Leben Realität wurde. Dennoch glaube ich, dass es für die genaue Ausgestaltung und Umsetzung auch noch wirklich zahlreiche Diskussionen braucht.

Ein bedingungsloses Grundeinkommen ist sicherlich nicht für alle Menschen spannend. Wenn ich mir die Diskussion anschaue, dann ist ein staatlich gezahltes bedingungsloses Grundeinkommen für alle Menschen interessant, die mit Existenzängsten zu tun haben. Leider sind dies viel zu viele und hier würde es in Bezug auf Sicherheit, Freiheit und Unabhängigkeit sicherlich großen Sinn machen. Menschen, die keine Existenzängste haben, können dagegen das Bedürfnis nach einer Grundsicherung oft gar nicht verstehen. Das dies andere Menschen entlasten würde, fördert dabei nicht einen Gedanken der Solidarität, sondern eher des Neids oder eine komische Art von Missgunst. Dummerweise befinden sich viele Entscheidungsträger in unserer Gesellschaft in der zweiten Gruppe. Entsprechend dick ist wahrscheinlich das Brett, das hier gebohrt werden muss.

Würde es aber ein bedingungsloses Grundeinkommen für alle geben, dann wäre die nächste spannende Frage, wie Menschen sich verändern würden. Wie würde sich das Arbeitsleben verändern? Gäbe es plötzlich für bestimmte Jobs viel mehr Geld, einfach weil sich sonst niemand mehr finden lassen würde, der diese macht? Würden alle Menschen nur noch Teilzeit arbeiten? Würde das Ehrenamt boomen, weil viel mehr Menschen für ein solches Engagement Zeit hätten? Oder würde einfach nur alles teurer werden, so dass das Grundeinkommen im Konsum und in gesteigerten Mieten verpufft? Letzteres würde übrigens vermieden werden, wenn wir die Grundsicherung als eine Art negative Steuer verstehen und auszahlen würden. Kein Mensch sinkt unter das Grundeinkommen, bedingungslos. Ohne Prüfung und was auch immer. Braucht man dieses nicht, weil man beispielsweise weit über 1.000 € verdient, greift es auch nicht. Es würde definitiv viel Existenzangst nehmen. Die weiteren Auswirkungen können wir nicht wissen. Genauso wie wir nicht wissen, ob die meisten Menschen trotzdem einer Erwerbsarbeit nachgehen würden. Für das Wohlbefinden scheint eine Beschäftigung sehr förderlich zu sein, wir brauchen im Leben eine Aufgabe und wir fühlen uns wohl, wenn wir in irgendeiner Form Sinn schaffen oder anderen Menschen helfen. Für das Wohlbefinden wissen wir aber auch heute schon, dass zu viel Fernseh- und Internetkonsum uns nicht guttut. Trotzdem sind diese Nutzerzahlen erschreckend hoch. Trotz besserem Wissen sitzen wir alle laufend vor Bildschirmen. Von daher glaube ich nicht, dass wir sicher vorhersagen können, wie ein bedingungsloses Grundeinkommen die Gesellschaft verändern würde. Aber wir haben es laufend mit Veränderungen zu tun. Vielleicht wird es einfach irgendwann nicht mehr anders gehen, weil sich das Arbeitsleben so drastisch verändert, dass wir gar nicht mehr anders können. Wenn mal alleine betrachtet, wie sehr so ein kleines Smartphone durch die laufende Erreichbarkeit per Telefon und Mail unser Leben verändert hat, wie wird das erst mit Robotern und selbstfahrenden Autos etc. sein? Interessant finde ich allerdings die Diskussion um die Arbeitsbereitschaft von Menschen. Auch wenn ich in diesem Buch grundsätzlich davon ausgehe, dass Menschen etwas tun und gebraucht werden wollen, so finde ich, sollte sich auch eine Gesellschaft damit auseinandersetzen, wie viel sie es aushält, dass es Menschen gibt, die sparsam und genügsam einfach nur leben. Denen so ein Leben ausreicht. Muss man sie gleich als Schmarotzer bezeichnen? Gerade wenn wir sowieso nicht mehr genug Arbeit für alle haben? Aber das nur als Randgedanke, der mit bei Diskussionen um ein bedingungsloses Grundeinkommen immer kommt.

Die Initiative *Mein Grundeinkommen* probiert seit einigen Jahren aus, was passiert, wenn man Menschen für ein Jahr jeden Monat 1.000 € zahlt. Zu diesem Zweck sammelt sie via Crowdfunding Spenden ein und verlost dann diese Grundeinkommen an Interessierte. Hier gibt es die erste Praxiserfahrung, wie ein bedingungsloses Grundeinkommen wirkt – wenn auch erstmal nur befristet für ein Jahr. Die Initiative macht dazu immer wieder Umfragen, wie es ihren Gewinnern mit ihrem Grundeinkommen gegangen ist. Dazu berichten sie selber, dass eine Motivation ist herauszufinden, was Grundeinkommen mit Menschen macht und welchen Einfluss es auf ihr Leben hat. Hier ein paar wichtige Ergebnisse aus einer Umfrage[3], an der immerhin die Hälfte aller Gewinner des Grundeinkommens (36 Menschen) teilgenommen hat.

Insgesamt sind die Befragten durch ihr Grundeinkommen in der Mehrzahl mutiger (72%), neugieriger (66%) sowie selbstbewusster (50%) als in der Zeit davor. Mit dem Wissen, monatlich 1.000 € bedingungslos zu erhalten, reduzierten sich auch die Existenzängste der befragten Gewinner maßgeblich (89%) und schufen Raum für Neues - wie beispielsweise bei Franziska: *Ich hatte nicht erwartet, wie viele Ideen zur Selbstentfaltung mir plötzlich in den Sinn kamen - und wie viele Möglichkeiten, der Gesellschaft einen Nutzen zu erweisen. Von der permanenten Sorge um*

---

[3] https://www.mein-grundeinkommen.de/news/3LdOX0WA6cYYISAoCYwcg S vom 28.8.2017

meine finanzielle Lage befreit, konnte ich meine Gedanken endlich auf Produktives lenken. Franziska - 46. BGE

Viele haben den Wunsch, der Gesellschaft etwas zurückzugeben (53%). Einige haben dies auch gleich in die Tat umgesetzt. So verbringen 30% der Befragten mehr Zeit mit ehrenamtlicher Arbeit und 18% mit politischem Engagement. 54% unterstützen mit ihrem Grundeinkommen andere Menschen in ihrem Umfeld mehr als zuvor. Auch der Einfluss des Grundeinkommens auf das soziale Leben der Befragten ist bemerkenswert. 68% pflegen ihre Hobbys intensiver, 45% probieren neue Hobbys aus und 51% investieren in Reisen, die sie ohne den Gewinn nicht gemacht hätten. Für 40% ermöglicht das Grundeinkommen mehr kulturelle Teilhabe als vorher. Das alles könnte am gesteigerten Tatendrang liegen: 61% geben an, davon mehr zu spüren, seit sie das Grundeinkommen erhalten haben. Bei all den zusätzlichen Aktivitäten, könnte man denken, die Befragten müssten ganz schön gestresst sein. Das Gegenteil ist der Fall: 56% der Befragten haben im Vergleich zu ihrem Leben vor der Zeit mit Grundeinkommen eine niedrigere Stressbelastung.

Weniger Stress, mehr Freizeitaktivitäten - was noch fehlt ist der Blick auf das Arbeitsleben. Die meisten sind in ihren Angestelltenverhältnissen geblieben, nur 9% haben ihren Job aufgegeben - genauso viele haben sich selbstständig gemacht. 15% haben ihren Job gewechselt. Bei diesen Ergebnissen muss berücksichtigt werden, dass das Grundeinkommen nur für die Dauer eines Jahres ausgezahlt wurde.

Aber auch im Leben der Arbeitenden mit Grundeinkommen hat sich einiges verändert. 32% geben an motivierter zur Arbeit zu gehen, während 27% angeben, dass die Qualität ihrer Arbeit sich verbessert hat. Die Befragten treten gegenüber Kollegen (38%) und Vorgesetzten (35%) selbstbewusster auf und ganze 63% haben eine Work-Life-Balance, die besser ihren Bedürfnissen und Vorstellungen entspricht als zuvor. Weiterbildung war den Befragten auch ganz wichtig, so haben 54% einen Teil des Grundeinkommens für ihre eigene Bildung und damit in ihre Zukunft investiert. Die Initiative *Mein Grundeinkommen* zieht aus ihrer Befragung ein klares Fazit: Auch ohne eine 180 Grad Wandlung kann durch ein Grundeinkommen der Arbeitsalltag zum Positiven verändert werden.

Über den finanziellen Aspekt hinaus hat das Grundeinkommen viele der Befragten dazu gebracht, sich selber und ihr Leben zu hinterfragen. 58% fragen sich mehr wie sie wirklich leben möchten. 54% suchen intensiver eine Antwort auf die Frage, was sie wirklich gut können und 66% darauf, welchen Beitrag sie mit ihrer Arbeit für die Gesellschaft leisten. Diese Fragen und Denkanstöße bleiben auch über das Grundeinkommensjahr hinaus bestehen und wirken weiter. Dazu Marlene: *Das Grundeinkommen hat mir einen Paradigmenwechsel in meinem Denken geschenkt. Das Gefühl, dass mir Vertrauen geschenkt wird. Vertrauen, dass ich selbst am besten für mich weiß, in was ich das Grundeinkommen investiere. Dass ich nicht im Nachhinein be-/entlohnt werde für das, was ich tue. Sondern, dass ich investieren und erschaffen darf und dadurch ein Mehrwert entstehen kann. Das Leben ist mehr ein Spiel, ein Experiment bei dem ich die Möglichkeit habe ohne eine konkrete Erwartungshaltung auszuprobieren. Marlene - 39. BGE*

Der Blick in die Zukunft ist für 83% der Befragten zuversichtlicher als vor dem Grundeinkommensjahr und 49% hat der Gewinn dazu veranlasst, die persönliche Zukunft besser zu planen. Hoffentlich wird die Initiative ihre Gewinner noch länger begleiten, denn es ist bestimmt spannend zu beobachten, wie es für ihre Gewinner weitergeht und welchen nachhaltigen Einfluss ihre Erfahrungen mit Grundeinkommen auf ihr Leben haben werden. 80% sind jedenfalls überzeugter als zuvor, dass jeder Mensch ein bedingungsloses Grundeinkommen erhalten sollte.

Mit Jesta, einer Gewinnerin, habe ich mich persönlich getroffen. Sie hat das Grundeinkommen vor zwei Jahren gewonnen und mich hat interessiert, inwieweit das Grundeinkommen auch danach noch einen Unterschied in ihrem Leben macht. Auf meine Frage, wie es zunächst war, zu gewinnen, antwortet sie: *Ich war total überrascht, weil ich als Crowdhörnchen automatisch in der Lostrommel gekommen bin und nicht mit einem Gewinn gerechnet hatte. Dann war ich aber in den darauffolgenden Monaten überrascht, wie riesengroß der Unterschied war. Es ging bei mir nicht so sehr um Existenzsicherung. Es ging tiefer. Es ging um Existenzerlaubnis. Zu sein, auch wenn ich nicht arbeite. Paradoxerweise habe ich in dem Jahr so viel wie noch nie gearbeitet. Die extreme Energie war halt frei, die sonst für die Existenzangst drauf ging. Mich nicht ständig beweisen zu müssen. Einfach sein zu können und das Gefühl zu haben, mir wird bedingungslos vertraut, dass ich das richtige mache mit dem Geld. Mit meinem Leben.*

Hat sich dieses Gefühl verändert, nachdem das Jahr mit Grundeinkommen beendet war? *Nein, dieses Gefühl der Existenzerlaubnis, das tiefe Gefühl meiner Existenzberechtigung ist einfach geblieben. Ich achte heute eher darauf, dass ich bei meinen Kosten niedrig bleibe, damit ich mir weiterhin die Freiheit gönnen kann, meine Arbeit frei zu wählen und überprüfen zu können, ob ich von den Themen und von der dafür investierten Zeit noch richtig liege. Es für mich passt.*

Was nimmst Du als wesentliche Erfahrung aus dem Jahr mit bedingungslosen Grundeinkommen mit? *Da möchte ich groß schauen, denn es geht mir nicht so sehr um meine individuellen Erfahrungen, die zum Teil sehr schön waren und zum Teil auch sehr anstrengend, weil unglaublich viel in mich hineinprojiziert wurde. Mir geht es um die notwendigen gesellschaftlichen Veränderungen, die wir brauchen, um einen gewissen krankhaften und krankmachenden Druck aus unserem Leben herauszuholen. Wir sind in meinen Augen nicht nur auf der Erde um zu arbeiten. Wir brauchen neue Modelle, bei denen wir Menschen vertrauen, dass sie das*

Richtige machen. Für sich entscheiden. Bei denen nicht ein Staat sagt, Du musst erst noch über dieses Stöckchen springen und jenes Formular ausfüllen, bevor wir Dir helfen. Nein, wir helfen einfach allen. Bedingungslos. Wir können alle besser damit leben, wenn wir uns sicherer fühlen. Wenn wir keine Existenzangst haben und wenn wir uns nicht immer behaupten müssen. Sondern einfach sein können. Das ist mir wichtig und diese Gedankengänge gehen in meinen Augen weit über ein bedingungsloses Grundeinkommen hinaus. Es geht um die Veränderung von Arbeit. Von unserem Arbeitsleben und dem Umgang miteinander. Wenn Geld dort als Druckmittel nicht mehr so viel wirkt, wird sich ganz viel verändern.

Du arbeitest auch als Coach, mit dem schönen Arbeitstitel „Slow Business Coach". Hat das was mit den Grundeinkommen zu tun? *Ja und nein. Ich möchte Menschen anregen, auf ihre Art und Weise zu arbeiten. Sich ihr Business genau anzuschauen und im Zweifel zu entrümpeln. Im Kopf, am Schreibtisch, bei den Aufgaben und bei den eigenen Erwartungen. Menschen, die das in der Freiheit und ohne Existenzängste tun können, begleite ich gerne und eher selten. Bei den meisten spielen diese mit rein und machen schnell einen fremdbestimmten, aber enorm mächtigen Druck aus. Dagegen anzugehen ist nicht immer einfach. Und dennoch weiß ich mit dem Jahr Grundeinkommen und mit meinem Businessleben danach, es geht.*

Neben diesen Praxisversuchen und Erfahrungen einzelner gibt es leider noch nicht viel Forschung, wie sich ein bedingungsloses Grundeinkommen auf die Gesellschaft, den einzelnen Menschen und uns als Gruppe auswirken wird. Sicher scheint allerdings zu sein, dass sich unser Arbeitsleben in der Zukunft verändern wird. Soweit ich das überblicke, wird es immer weniger die Notwendigkeit geben, angestellt arbeiten zu müssen. Im Gegenteil, durch Digitalisierung wird es immer weniger Stellenangebote geben. Wir werden uns also auf die Suche machen müssen nach einer neuen Identität und neuen Lebensaufgaben. Besonders unsere zukünftige Identität wird sich sicherlich nicht mehr so an der Arbeit, wie bisher, orientieren. Vielleicht auch, oder gerade, weil Zeit die wichtigere Währung für Menschen wird. Viele Menschen fragen sich, was sie mit dem vielen Geld tun sollen, wenn sie dafür 60 oder mehr Stunden die Woche arbeiten müssen. Wo bleibt da die Lebensqualität? Diese funktioniert nun mal nur, wenn wir auch Zeit haben. Zeit für unsere eigenen Tätigkeiten und Zeit fürs Nichtstun.

Finanzielle Sicherheit fördert die Gesundheit

Zunächst hatte ich dieses kleine Kapitel mit einem Fragezeichen versehen. Mit weiteren Recherchen und Gesprächen mit vielen Menschen könnte man hinter diese Überschrift eher ein Ausrufezeichen setzen. Die finanzielle Sicherheit eines Grundeinkommens trägt bei vielen Menschen maßgeblich zur Stressreduzierung bei. Ob die Angst vor einem Verlust der Arbeitsstelle, die

Existenzangst bei Selbständigen, wenn die Auftragslage schlecht ist oder der Stress, wenn Familie und Vollzeitjob unter einen Hut gebracht werden muss – hier bietet das Grundeinkommen einfach vielfältige Möglichkeiten, Stress und Angst abzubauen, weil es eben einfach Sicherheit liefert. Verliere ich die Arbeitsstelle, ist das nicht so schlimm. Selbst wenn ich lange brauche, bis ich wieder eine neue finde, bedroht dies nicht meine Existenz. Dasselbe gilt für selbständig Tätige. Und in der Familienphase wird es möglicherweise viel attraktiver, wenn sich beide Elternteile die Zeit nehmen können, nur Teilzeit zu arbeiten und die restliche Zeit mit der Familie zu verbringen. Für mich hören sich all diese Lösungen sehr stressreduzierend und damit gesundheitsfördernd an.

In einer Studie wurde eher zufällig untersucht, wie sich ein Quasi-Grundeinkommen auf die Gesundheit auswirken könnte. Anfang der 90er-Jahre war die US-amerikanische Epidemiologin Jane Costello vor allem daran interessiert, welche Rolle die Kindheitsentwicklung bei der geistigen Gesundheit im Erwachsenenalter spielt. Vereinfacht gefragt also: Wird jemand arm, weil er psychische Probleme hat, oder bekommt jemand psychische Probleme, weil er arm ist?

Um diese Frage beantworten zu können, verfolgte sie die Entwicklung von knapp 1.500 Kindern zunächst über mehrere Jahre. 1/4 der Kinder waren Indianer, auf deren Land während der Studie ein Casino eröffnet wurde. Jetzt wurde die Studie plötzlich unerwartet sehr spannend, denn alle Stammesangehörigen erhielten einen Teil der dort gemachten Gewinne. Hinzu kamen neue Jobs. Insgesamt sorgte das dafür, dass knapp die Hälfte aller indianischen Kinder innerhalb kürzester Zeit oberhalb der Armutsgrenze leben konnte.

Nur 4 Jahre nach dem ersten unangemeldeten Gratis-Geld zeigten diese Kinder weniger Verhaltensauffälligkeiten. 10 Jahre später litten die mittlerweile erwachsenen Kinder seltener an psychischen Krankheiten und Drogenabhängigkeit.

Die Studie läuft noch immer und alle Ergebnisse bestätigen, dass die positiven Auswirkungen auch Jahrzehnte nach der Casinoeröffnung messbar sind. Auch hier gilt wieder: je weniger Stress durch Armut, desto besser die Gesundheit (auch Jahre später). [4]

Lebenssinn statt Konsum – eine Wohltat für unseren Planeten

Das bedingungslose Grundeinkommen würde vielleicht auch die Arbeitswelt dahingehend entspannen, dass nicht alles auf jeden Fall produziert werden müsste. Ich bin mir da allerdings nicht sicher, da sich Profitstreben durch ein gesellschaftlich ausgezahltes Einkommen ja nicht nivelliert. Aber ich finde es schon spannend, wie

---

[4] https://perspective-daily.de/article/308/aC9ITBLr

sehr wir alle angehalten werden, Dinge zu kaufen, damit die Wirtschaft angekurbelt wird. Wir werden als Konsumenten gebraucht. Damit wir immer wieder Neues kaufen müssen, muss Altes schnell kaputtgehen und sich möglichst nicht reparieren lassen. Die technische Entwicklung schreitet immer so voran, dass alte Geräte nicht aufgerüstet werden können, sondern ein Computer oder ein Handy schnell in die Jahre kommt. Das Dogma und Heilinstrument für alle unsere Probleme heißt Wachstum. Was für ein Paradox. Wir glauben, dass wir Armut und soziale Missstände durch Wachstum lösen könnten und gleichzeitig baut unser Wachstum immer auf der Ausbeutung der Natur aus. Wir brauchen vielfältige Ressourcen, die zum großen Teil endlich sind. Unser Wachstum kann also schon aus ökologischer Sicht nicht unendlich weitergehen. Diese Tatsache ignorieren wir einfach zu gerne. Genauso, wie wir das Ende unserer Konsumwut gerne ausblenden. Wir ignorieren die Berge von Elektroschrott, der besonders in anderen Ländern ganze Landstriche verwüstet. Wie würde unsere Welt aufatmen, wenn wir mit diesem Wahnsinn aufhören würden. Wie würde es den Ressourcen guttun, wenn es elektrische Geräte geben würde, die wir einfach aufrüsten könnten und die nicht bei jeder Speichererweiterung an Grenzen kommen und einen Komplettaustausch nötig machen würden. Selbst unsere überfüllten Kleiderschränke würden aufatmen, wenn sie nicht immer prall gefüllt auf ein Wunder warten würden. Auf das Wunder, dass wir unsere Kleidung tatsächlich tragen würden oder auf das noch sinnigere

Wunder, dass wir tatsächlich nur neue Kleidung kaufen würden, wenn wir diese wirklich brauchen. Mit brauchen meine ich hier, dass die alte Hose kaputt ist und tatsächlich nicht mehr geflickt werden kann.

Wer sich selbst für sein eigenes Grundeinkommen einsetzt, muss meist in seiner ersten Sparphase sparsam leben. Mit weniger Geld für Konsumgüter wird logischerweise auch weniger konsumiert. Ein Segen für unsere Erde. Dabei finde ich, muss man zwischen der Haltung Geiz ist geil und Genügsamkeit unterscheiden. Es geht um den Blick, welche Lösung gut funktioniert, ob ein Kauf überhaupt nötig ist und welcher Kauf dann langfristig den besten Nutzen bringt. Ein genügsames Leben bedeutet für mich nicht Verzicht, sondern eher ein kritischer Blick auf die Welt, die wir uns erschaffen. Wir bauen uns oft unbewusst erweiterbare Regelkreisläufe, bei denen wir letztlich immer wieder dem Geld hinterherlaufen. Für viele ist es das große Einfamilienhaus, für das dann eben der Kredit abbezahlt werden muss. In diesem Sachzwang gefangen, kann man eben leider nicht darüber nachdenken, ob es nicht doch viel schöner wäre, einen Tag in der Woche frei zu haben. Ähnlich geht es vielen mit dem Auto oder gleich einem Fuhrpark aus mehreren Fahrzeugen. Man braucht sie, um beweglich zu sein und um sicher und bequem zu Arbeit zu kommen. Die Anschaffung ist toll, die Realität im Verkehrsstau ist es dann schon weniger. Ganz zu schweigen von den laufenden Kosten für ein Fahrzeug, die viele Menschen sträflich unterschätzen. Viele Menschen sind echte Meister darin, sich eigene Sachzwänge so zusammenzubauen, dass sich auf den ersten Blick kein Weg heraus erkennen lässt. Oder dass der Preis für diesen Weg heraus so hoch erscheint, dass man lieber weiterhin 50 Stunden die Woche arbeitet und am Montag stöhnt, dass es wieder losgeht. Dabei steigern wir unbewusst und dennoch von der Wirtschaft sehr getrieben und sehr strategisch geplant, ständig unseren Lebensstandard. Es geht darum, dass wir Geld ausgeben. Das wir mit unserem Konsum die Wirtschaft am Leben erhalten. Ob das tatsächlich Sinn macht, sei dahingestellt. Aber das vordergründige Interesse der Wirtschaft am Profit ist klar. Immerhin geht es um Arbeitsplätze. Die wir nur brauchen, weil wir eben so viel konsumieren. Hier schließt sich ein Kreis, der bei genauerer Betrachtung auch in vielen Fällen als sehr absurd wahrgenommen werden kann. Es gibt da das Argument, dass man Kaufen muss, damit die Wirtschaft weiter funktioniert und damit Arbeitsplätze erhalten werden. Dieses Argument wird heftig durch alle möglichen Formen der Werbung unterstrichen. Egal, ob im Fernseher, an der Bushaltestelle, im Internet oder in der Zeitung, wir werden überall mit Werbung attackiert und diese beeinflussen auch noch, was wir in beispielsweise Zeitungen und Magazinen als Informationen erhalten. Denn Informationen, die dem Werbekunden nicht gefallen, werden lieber gar nicht erst gebracht, man will ja keine Einkommensströme stoppen. Es ist schwer, sich daraus zu halten. Zumal wir ja keine einsamen Wesen auf diesem

Planeten sind. Jenseits von Werbung trägt unsere eigene Erziehung und unser Umfeld dazu bei, wie viel wir konsumieren. Wie viel wir meinen, dass wir dies tun müssen oder es unser gutes Recht ist. Logischerweise wurden wir als Kinder mit materiellen Dingen beschenkt und belohnt. Wahrscheinlich die meisten von uns. Das ist toll. Ich kann mich noch zu gut an mein erstes Fahrrad erinnern. Auch die erste Puppe habe ich noch gut im Blick, wenn diese auch mit peinlichen Erinnerungen verknüpft sind, weil ich ihr innerhalb kürzester Zeit ein Bein ausgerenkt habe. Wir freuen uns, Geschenke werden mit Festen verbunden und mit irgendwelchen guten Leistungen. Hier kommt das Verdienen ins Spiel. Das hast Du Dir verdient! Dieser Leitspruch macht später vielen Menschen das Leben schwer. Kaum hat man was geleistet und es kommt Geld rein, wird dieses wieder ausgegeben. Denn es braucht jetzt eine Belohnung. Und diese Belohnung hat immer mit Geld zu tun. Ein teures Essen, Champagner, eine neue Handtasche oder ein neues technisches Gadget. Es gibt keine Grenzen, jeder Lebensstandard lässt sich beliebig ausbauen. Um sich ja brav weiter anzustrengen. Auf das man sich dann wieder belohnen darf. Neben diesen Vorstellungen aus der Kindheit sind auch Vergleiche ein teurer Spaß. Bei uns nennen wir dies immer den „Auch-Haben-Komplex". Kaum hatte die Nachbarin ihre neue Couch präsentiert, wurden die Kataloge gewälzt, weil auch selbst eine neue Couch ins Haus musste. Hat der Kollege ein neues Smartphone, erscheint das alte Gerät als überholt und der eigene Kauf von einem neuen, möglichst noch besseren Gerät, wird geplant. Wir hinterfragen nicht wirklich, ob wir selbst dieses oder jenes brauchen, sondern wir begehren es, weil wir zu den anderen dazugehören bzw. wir von unserem Umfeld bewundert werden wollen.

Was wir brauchen ist eine grundlegende Veränderung unseres Denkens. Eine Veränderung weg vom Gedanken des Konsums hin zum Gedanken der Nachhaltigkeit. Wir müssen unser Verhältnis zum Geld hinterfragen. Für was wir es eigentlich im Leben benutzen wollen und für was eben nicht. Was es uns dann für Freiheiten schaffen kann. Freiheiten, die wir nicht in einen Schrank hängen können, auch keine Freiheit, die wir auf der Autobahn ausfahren. Sondern Freiheit, die bedeutet, selbstbestimmt arbeiten zu dürfen oder Freiheit, über lange Strecken überhaupt nicht zu arbeiten. Tatsächlich bedeutet dies, viele unbewusste Konsummuster zu hinterfragen. Diese grundlegenden Veränderungen beziehen auch unseren Planeten mit ein und damit die Frage, ob wir als Menschheit auf diesem Planeten überleben können. Mit unserer Form des Konsums wird das nicht gehen. Mit einem kritischen Blick auf unser Verhalten und dem Streben nach einer neuen Freiheit, der Freiheit vom aktuellen Arbeitszwang, könnte möglicherweise auch unser Planet wieder aufatmen.

Der Besitz von Dingen verändert sich im Laufe des Lebens. Es wird immer mehr. Wir brauchen auch immer mehr, um dabei noch eine gewisse Freude zu verspüren. In der Schule sind wir stolz über das erste Smartphone, über den ersten eigenen Computer oder das erste Fahrrad. Je nach Haushalt und Familie, sind wir schon stolz, wenn die ersten eigenen Gegenstände ihren Weg in unseren Besitzstand finden. Auch in der Ausbildung und im Studium sind wir happy über jeden neuen Gegenstand der dazukommt. Mit dem ersten Job kommt dann der große Quantensprung, endlich ist selbstverdientes Geld da. Es braucht eine größere Wohnung, ein neues Auto und zwei bis drei Urlaubsreisen im Jahr sollten schon drin sein. So schaffen wir es schnell wieder, dass das neu verdiente Geld auch wieder ausgegeben wird. Diese Steigerung lässt sich mit jedem neuen Schritt im Leben wieder nachvollziehen. Um sich irgendwann irgendwo mit unendlich vielen Sachen wieder zu finden und trotz all dieser Dinge das Glück zu vermissen. Statt dem Glück brauchen wir Alarmanlagen und Tresore, da wir jetzt so viel haben, dass wir wiederum Angst haben, dass uns dies irgendjemand wegnehmen könnte. Ein Freund berichtete mir, dass es in seiner WG im Studium ihm immer eine große Freude war, wenn Studenten aus anderen Ländern zu Besuch kamen. Einfach in einem Zimmer schliefen und man gemeinsam das Essen teilte. Oder eben auch den Schlüssel daließ, weil man selber auch unterwegs war. Man hatte keine Sorge, dass etwas kaputtgemacht werden könnte oder gar geklaut werden würde. Gastfreundschaft war ein hohes Gut, immerhin waren ja auch alle dankbar, wenn sie selbst irgendwo unterkamen. Dieser Freund lebt heute mit seiner Frau im eigenen Haus und er hat große Schwierigkeiten diesen Wert der Gastfreundschaft an seine Frau zu vermitteln. Besuche gehen dosiert, aber das Haus mit anderen dahingehend zu teilen, dass man diesen dies überlässt, während man selbst in Urlaub fährt, ist für sie unvorstellbar. Immerhin könnten diese was kaputtmachen oder gar Dinge mitnehmen. „Allein die Vorstellung, dass andere Menschen ohne Aufsicht in unseren Fotoalben oder Akten herumschnüffeln könnten, ist meiner Frau eine Horrorvorstellung. Ganz zu schweigen von der Angst, dass etwas wegkommen könnte. Ich würde immer davon ausgehen, dass dies unsere Besucher gar nicht tun, aber das bekomme ich meiner Frau nicht vermittelt", endet mein Freund seine Wehmuts-Geschichte an die gute alte Zeit, als man noch einfach alles teilen konnte.

Wenn ich mit Coachees zu tun habe, die aus dem Dispo herauskommen wollen und die sich sehr in einem Mangelbewusstsein befinden, dann lasse ich sie gerne mal eine Liste machen, mit allem, was sie besitzen. Jedes Mal, wenn ich diese Aufgabe stelle, werde ich mit großen Augen angeschaut. Wirklich alles aufschreiben, was man besitzt? Das artet ja in Arbeit aus. Stimmt, tut es. Manchmal reicht nur die Diskussion um diese Aufgabe. Denn mit der Vorstellung, alles aufschreiben zu müssen, gehen die Gedanken zu den eigenen Besitztümern. Der Fokus verändert sich schlagartig, weg von den Sehnsuchtsdingen, die man noch nicht hat, hin zu den vielen Dingen, die man schon hat. Fast zwangsläufig stellt sich ein Gefühl des Habens ein, weg vom Gefühl des Wollens. Je nachdem wie intensiv Letzteres ist, lasse ich die Übung wirklich schriftlich ausführen oder ich gebe mich mit der Diskussion zum Sinn der Übung zufrieden.

Wann ist es genug?

Gibt es diesen Punkt? Für Dich, für mich? Der Punkt, an dem wir keine größeren Konsumwünsche mehr haben. An dem Glück sich eben nicht mehr an materiellen Dingen festmacht, sondern an anderen Orten und in anderen Lebensumständen gesucht werden will. Viele Menschen glauben nicht, dass es diesen Punkt überhaupt gibt. Sie machen sich mit Eifer daran neue materielle Wünsche zu entdecken, danach zu streben und diese zu erfüllen. Die, die diesen Punkt entdecken, erleben ihn wahrscheinlich auch nicht als statischen Punkt. Also als einen Moment, ab dem nichts mehr gekauft wird. Aber dennoch als einen Lebenszustand, an dem Wünsche eine nicht mehr so hohe Energie und Dringlichkeit haben. Vielleicht auch als einen Lebenszustand, an dem man schon oft ausgemistet hat und sich langsam fragt, warum sich eigentlich immer so viele Dinge bei einem anhäufen und ob es nicht auch mit weniger geht. Die Minimalismus-Bewegung hat genau aus diesem

Thema heraus so viele Anhänger. Immer mehr Menschen fragen sich, ob sie nicht eigentlich zu viel haben und ob nicht ein Leben mit weniger Dingen viel besser ist. Während ich noch in einer Generation aufgewachsen bin, in der wir als Kinder nicht so super viel hatten, ist dies heute für viele Kinder anders. Wer schon als Kind viele Dinge besitzt, der fühlt sich im Zweifel schon im Studium vom Gedanken des Minimalismus angesprochen, einfach weil viele Konsumwünsche bereits erfüllt sind und diese Fülle sich trotzdem nicht sinnstiftend anfühlt.

Egal in welchem Alter man das Gefühl hat, es ist genug, es ist oft verbunden mit der Wahrnehmung von vielem Kram, den man so in seinem Leben mit sich rumschleppt. Ob das ein Kleiderschrank von drei Metern Breite ist, bei dem man feststellt, dass man am liebsten die Lieblingsstücke direkt vom Wäscheständer gleich wieder anzieht und den Rest eigentlich gar nicht braucht. Oder das Bücherregal, in dem Krimis stehen, die man nie wieder lesen wird, weil man den Mörder bereits kennt. Oder auch die Bücher, die man mal angefangen hat und die blöd waren. Die aber jetzt Platz im Regal wegnehmen. Die Töpfe im Schrank, die eigentlich keiner verwendet, von Küchenmaschinen möchte ich gar nicht reden. Wir heben in der Regel unglaublich viel auf und es macht uns meistens nicht glücklich. Je mehr wir uns mit Glück und Weisheit beschäftigen, mit dem Sinn des Lebens, desto mehr dämmert uns, dass wir dazu ganz viel Kram nicht brauchen. Schon gar nicht mehr

Kram! Das ist gar nicht so einfach. Es braucht immer wieder das bewusste Hinterfragen, brauche ich das wirklich? Es braucht die kritische Frage, was wirklich zu unserem Glück beiträgt. Langfristig. Kurzfristig kann ich mich über ein neues Geschirr, ein neues Auto oder eine neue Handtasche freuen. Aber meist hält dieses Glücksgefühl nicht länger als ein paar Wochen oder wenige Monate an. Dann braucht es einen neuen Kick. Und Platz für die alten Gegenstände, die für die Suche nach unserem Glücksgefühl nicht mehr taugen. Wir müssen und wir dürfen aus diesem Kreislauf aussteigen. Nicht nur um Geld zu sparen. Das ist fast ein Nebeneffekt. Sondern um unser Leben bewusster zu leben. Um uns darin zu schulen, immer wieder zu hinterfragen, was uns wirklich glücklich macht.

Wenn ich mit Menschen an ihrer eigenen Geldgeschichte und besonders ihrer Zukunft arbeite, höre ich in dieser Hinsicht viele Selbstvorwürfe. Wenn wir uns den Kram anschauen und genau beobachten, was davon glücklich macht, dann gibt es da viele Käufe und manchmal sogar dadurch entstandene Schulden, die sich alles andere als gut anfühlen. Das ist Vergangenheit! Es lohnt sich nicht, mit dieser zu hadern. Egal, an welchem Punkt Menschen anfangen, ihr Leben zu verändern, dieser Punkt ist nun mal der an dem sie gerade sind und damit ist er richtig. Weil wir nämlich sonst auch auf dem Weg zum Grundeinkommen wieder Gefahr laufen, uns zu vergleichen und zu verurteilen. Diesmal halt in die andere Richtung. Diesmal vergleichen wir uns dann mit Menschen, die viel sparsamer leben, die auf dem Weg zu einem Grundeinkommen schon viel weiter sind. Das ist alles Humbug. Stattdessen macht es für mich Sinn, egal an welcher Position im Leben und egal mit wie viel Geld auf dem Konto, anzufangen darüber nachzudenken, wie ein neuer Lebensstil mehr Glück ins Leben holen kann. Einmal über den Verzicht von Konsum, zum anderen aber auch mit vielen Gedanken wie ein (Arbeits-)leben so gedacht und später gestaltet werden kann, so dass ein Montag ein ganz normaler Wochentag ist, an dem man wieder seiner geschätzten Tätigkeit nachgehen kann. Oder in einem Leben an dem der Montag noch frei ist, weil es sich gut anfühlt erst am Dienstag zu arbeiten und vielleicht am Donnerstag wieder aufzuhören.

Ein eigenes Grundeinkommen aufbauen

Wenn man sich sein eigenes Grundeinkommen aufbauen will, stellt sich erstmal die Frage, ab welcher Höhe dieses für einen das gewünschte Maß an Unabhängigkeit und Sicherheit liefert. Passen 1.000 € oder reichen schon 700 €? In meinen Augen ist eine absolute Summe gar nicht so relevant, es geht eher um einen Anteil an den eigenen Ausgaben. Einige Menschen sagen beispielsweise, dass sich ein ausreichendes Gefühl an Sicherheit einstellt, wenn die Miete und die Grundlebenshaltungskosten durch das Grundeinkommen gedeckt sind. Anderen reicht dagegen schon, wenn die Miete darüber abgedeckt ist.

Wie aber nun ein eigenes Grundeinkommen – egal in welcher Höhe - schaffen? Das ist die spannende Frage, die vielen Menschen unlösbar erscheint. Menschen, die es geschafft haben, haben dies über verschiedene Wege erreicht. Entweder indem sie ihr Geld investiert haben und nun von den Kapitaleinkünften leben. Oder indem sie ein eigenes Unternehmen gegründet haben und jetzt von den Einkünften dieses Unternehmens leben. Oder indem sie Immobilien erworben haben und jetzt die Mieteinkünfte die Grundsicherung finanziert. In diesem Zusammenhang ist das passive Einkommen in den letzten Jahren als Modebegriff sehr populär geworden. Dazu nur ein kleiner Gedankengang: Es gibt kaum ein passives Einkommen, welches nicht doch irgendwie mit Arbeit verbunden ist oder war. Wenn ich beispielsweise Bücher online verkaufe, dann ist es eben nicht nur die Arbeit das Buch zu schreiben, sondern es braucht auch Zeit für regelmäßiges Marketing. Egal ob wir Kapital aufbauen oder eigene Aktivitäten passiv oder aktiv zu Geld machen, am Anfang braucht es immer Energie bzw. Arbeitseinsatz. Je nachdem, wie geschickt wir uns anstellen, später dann nur noch wenig.

Ich glaube, dass wir uns auf dem Weg zum eigenen Grundeinkommen von vielen Glaubenssätzen und Lebensvorstellungen befreien müssen. Und diese wahrscheinlich kraftvoller sind als die Entwicklung auf unserem Bankkonto. In den meisten Köpfen ist ein Leben ohne klassische Erwerbsarbeit keine Option. So ähnlich, wie eine Reise auf den Mond keine Option ist. Wenn aber eine Reise auf den Mond keine Option ist, werde ich mich darauf auch nicht vorbereiten. Ich habe nicht mal auf meinem Radar, dass ich mich für Raumfahrt interessieren könnte, dass ich mal schauen könnte, wie es mir in der Schwerelosigkeit ergeht und ich mir überlegen könnte, was ich dann auf dem Mond entdecken will. Wenn die Reise als solches keine Option ist, mache ich mir auch keine weiteren Gedanken zu den Möglichkeiten, die mir vielleicht eine Reise auf den Mond ermöglichen könnten. Entsprechend werde ich wahrscheinlich den Mond immer nur am Himmel sehen und fest daran glauben, dass er für mich unerreichbar ist.

Ähnlich ist dies mit der Schaffung eines eigenen Grundeinkommens und dem anschließenden freieren Leben. Wenn dies keine Option ist, dann werde ich kein Geld sparen, zumindest nicht mit dem Grundgedanken, dass ich mir von dem ersparten Geld Zeit kaufen kann. Zeit, in der ich keiner Erwerbsarbeit mehr nachgehen muss, weil ich eben genug Geld habe. Vielleicht habe ich andere finanzielle Ziele. Dies könnten Konsumziele sein oder auch Investitionsziele. Also beispielsweise ein tolles Auto oder der Aufbau eines coolen Unternehmens. Bei ersterem ist das Geld danach verbraucht, bei letzterem kann es sich durchaus vermehren. Aber für beides braucht es Startkapital, es sei denn, man verwirklicht sich Träume auf Kredit. Ein Sparziel und damit finanzielles Ziel macht bei solchen Wünschen durchaus Sinn. Es bringt uns aber noch nicht mal in die Nähe einer finanziellen Unabhängigkeit. Nach der Verwirklichung meines Ziels bin ich entweder zufrieden oder ich suche mir ein neues Sparziel, auf das ich jetzt wieder hinarbeite. Gedanken zu meinem Lebensstil oder zu sinnvollen Investments werde ich mir mit diesem Mindset eher nicht machen. Wozu auch? Mein Lebensstil wird sich an mein Einkommen anpassen, mit jeder Gehaltserhöhung kann ich mir mehr leisten. Und Geldanlagen sind eh gefährlich, weil ich sie nicht überblicke und man da eventuell über den Tisch gezogen wird oder Geld verliert. All diese Handlungen und die dahinterliegenden Gedanken verhindern den Vermögensaufbau. Um nicht zu sagen, hinter der Freiheit mit einem Grundeinkommen zu leben, liegt wahrscheinlich viel mehr die gedankliche Freiheit. Die Freiheit, sich nicht an irgendwelchen Marken oder der Werbung zu orientieren. Die Freiheit, den eigenen Status in der Gesellschaft nicht mit Statussymbolen untermauern zu müssen. Aber auch die Freiheit neugierig zu sein, wie unser Geldfluss funktioniert und wie man Geld richtig anlegen kann. Und natürlich die eigene Freiheit, darüber nachzudenken, dass wir ein glückliches Leben leben dürfen, auch ohne einer intensiven Erwerbsarbeit nachzugehen. Hier heißt es erstmal, viel auf die eigenen Gedanken zu hören und diese systematisch zu hinterfragen. Erfahrungsgemäß sind die Ideen, die wir als Kinder und Jugendliche aufgeschnappt haben, übrigens am wirkungsvollsten und hartnäckigsten. Sie sind schon am längsten bei uns und wir haben sie damals noch unreflektiert aufgeschnappt. Welche 5-jährige widerspricht schon ihrer Mutter, wenn diese wieder jammert, dass das Geld nicht reicht? Oder hinterfragt die Aussage des Vaters, dass alle reichen Menschen Verbrecher sind? Wir können dies in jungen Jahren nicht, sondern nehmen diese Gedanken einfach auf. Nicht mal bewusst, sondern sie wandern in unser Unterbewusstes. Dummerweise agieren sie hier. Sie steuern uns mit Gedanken, Gefühlen und Handlungen. Darum erforsche ich in meinen Seminaren immer gerne die Kindheit. Ich frage meine Teilnehmer folgende Fragen: Was waren die ersten Erlebnisse mit Geld? Wie sind Deine Eltern mit Geld umgegangen? Wer hat die Finanzen geregelt? Gab es Streit über Geld? Wie haben andere Erwachsene über Geld geredet? Gab es überhaupt Gespräche zum Thema Geld? Wie bist Du mit Geld umgegangen? Hast Du Taschengeld bekommen und was hast Du damit gemacht? Wie bist Du als Jugendliche mit Geld umgegangen?

Die Antworten auf diese Fragen sind meistens echte Schlüssel für das eigene Verhalten als erwachsener Mensch. Förderlich oder hinderlich. Sind sie hinderlich, gilt es sie zu verändern. Neue Sichtweisen und neue Vorstellungen von Geld zu entwickeln. Altes loszulassen. Gedanken an Mangel, die bei den Eltern vorhanden waren, die aber im eigenen Leben keinen Platz mehr haben. Or auch Gedanken, die sich in immerwährenden unbewussten Gedankenströmen von „Das habe ich mir aber jetzt verdient" äußern und zu einem unmittelbaren Konsum führen. Sie lassen sich abstellen. Selbst wenn in der Ursprungsfamilie nur geschwiegen wurde, ist das ein Hinweis. Meist einer, dass Geld irgendwie ein Tabuthema war, aber auch das der Umgang mit Geld nicht besprochen und gelehrt wurden.

Ich bin überzeugt, dass wir unseren Umgang mit Geld nicht ohne unser Unterbewusstsein oder gar gegen unser Unterbewusstsein verändern können. Dafür ist dieses zu mächtig. Aber immer, wenn wir Überzeugungen aus unserem Unterbewusstsein hervorholen und durch andere Überzeugungen ersetzen, holen wir unser Unterbewusstsein Stück für Stück mit in unser Boot. Denn es ist ja nicht ein fremdes Unterbewusstsein, sondern unser ganz eigenes. Alleine schon mit der Entdeckung von sogenannten Glaubenssätzen schwächen wir diese. Denn in dem Augenblick, in dem wir beispielsweise den Satz „Erst die Arbeit, dann das Vergnügen" als Glaubenssatz erkennen und nicht als Tatsache wahrnehmen, können wir diesen weit verbreiteten Spruch hinterfragen. Vielleicht stimmt der Satz für mich ja gar nicht, weil ich viel Vergnügen bei der Arbeit habe. Vielleicht soll er in Zukunft nicht mehr stimmen, weil ich mein Leben nicht auseinanderdividieren will.

Wenn wir daran glauben, dass Arbeit hart sein muss oder dass man arbeitet, bis man tot umfällt – dann wird Arbeit nicht leicht von der Hand gehen. Im Gegenteil. Schon bei der Auswahl der Arbeit wird unser Unterbewusstsein darauf achten, dass wir uns die passende Arbeit aussuchen oder uns diese findet. Schwere Arbeit halt. Es soll sich schon anständig hart anfühlen. Bei dem neuen Gedankengang beispielsweise mit 40 in Rente zu gehen, wird übrigens nicht nur unser eigenes Unterbewusstsein Fragezeichen hochsenden. Sondern auch das gesellschaftliche Gedächtnis – welches sich das wenig vorstellen kann. Immer wenn wir uns etwas nicht vorstellen können, macht es Sinn, Menschen zu suchen, die genau dieses verwirklicht haben. Denn dann gibt es Vorbilder, die uns klar und in 3D vor Augen führen, dass auch andere Wege gangbar sind. Die uns von Menschen, mit denen wir bisher zusammen waren, vielleicht auch ein bisschen wegführen. Weil sie unsere neuen Gedanken nicht denken wollen.

Für meine Gesprächspartner war der Schritt der Kündigung aus einer Anstellung ein großer Schritt. Ein Schritt weg aus einer vermeintlichen Sicherheit, aber eben auch weg von Kollegen und einem gewohnten Alltag. Ich glaube, alle, die diesen Schritt gegangen sind, sind dabei auch durch ihre eigene Angst hindurch. Unbefristete, sichere Stellen werden bei uns so hoch gehandelt, es bedeutet nicht nur Freiheit, sondern auch innerliche Stärke und Selbstsicherheit aus diesem Korsett auszusteigen und sich der Unsicherheit zu stellen. Je nach Finanzportfolio hat man im Vorfeld natürlich reichlich daran gearbeitet, dass die Unsicherheit möglichst gering ist. Aber in meinen Interviews berichten auch Menschen, die wenig haben und diesen Schritt trotzdem gegangen sind. Für ihre eigene Freiheit. Finanziell, wie eben im Wesentlichen zeitlich. Die Freiheit, das eigene Leben Tag für Tag in die Hand zu nehmen.

Monika hat bereits in den 80er Jahren des letzten Jahrhunderts ausgerechnet, wieviel Geld sie benötigen würde, um die Dinge tun zu können, die sie gern tun würde. Das waren damals übrigens Umweltaktivitäten, für die es einfach keine bezahlten Stellen gab. Unglaublich, sie war damals 18. Sie berichtete mir, wie sie dazu kam, mit 45 über ein solides Grundeinkommen zu verfügen: *Nun, eigentlich habe ich es genauso gemacht, wie es immer empfohlen wird. Bloß, dass ich diese Empfehlungen nicht kannte. Ich habe mir mit 18 ausgerechnet, wieviel Geld ich verdienen und sparen muss, um mit 40 keiner Erwerbsarbeit mehr nachgehen zu müssen. Das war damals übrigens mehr ein Rechenspiel, aber es kam dabei raus, dass es möglich ist. Ich glaube, dass dies sonst nicht viele Menschen glauben. In Folge auch nicht danach streben. Ich habe es jetzt auch nicht zu meinem ausschließlichen Credo gemacht. Dennoch habe ich recht sparsam gelebt und war immer dran interessiert herauszufinden, mit welchen Projekten ich zusätzliches Geld verdienen konnte. Bei den Investitionen mit dem gesparten Geld habe ich gute Anlageformen gewählt und manchmal weniger gute. Die wichtigste Investition war ein halbes Mietshaus, was ich mit 28 gekauft habe. Das war eine aufregende, vielleicht auch leichtsinnige Investition. Es hat mich auch einiges an Nerven gekostet. Aber eben auch relativ reich gemacht. Heute können mein Mann und ich unsere Grundlebenshaltungskosten gut von den Mieteinnahmen decken. Das ist das, was man auch Grundeinkommen nennen könnte.*

Einen anderen, etwas schnelleren Weg haben Robert und Emma gewählt bzw. im Gehen gefunden. Auch er war nicht unbedingt immer einfach und auch nicht immer linear: *Der erste Schritt war unser Eigenheim. Mitte 2008 haben wir angefangen, mit dem Gedanken zu spielen, gemeinsam eine Wohnung zu kaufen. Nachdem wir eine Idee hatten, wie viel Geld wir bräuchten, haben wir in den Turbomodus geschaltet und alles gespart, was wir sparen konnten. Alle Gehaltserhöhungen mitgenommen und alles ausprobiert, um zusätzliche Nebeneinkünfte zu verdienen. Zwar hatten wir eigentlich genug Geld um 20% Eigenkapital für eine Durchschnittswohnung zu zahlen, wir wollten aber so wenig Darlehen wie nur möglich, aufnehmen. Eine kon-*

krete Wohnung hatten wir ja eh noch nicht gefunden, also haben wir die Zeit genutzt und schön gespart. In dieser Zeit habe ich dann viele Programmierungsarbeiten angenommen, so dass ich oft bis spät in die Nacht gearbeitet habe. Dann habe ich mich noch spontan entschieden einen Nebenverdienst zu starten. Ich habe Geschäftskontakte in meiner eigenen Branche vermittelt. Das erwies sich auch als überraschend lukrativ. Als wir dann schließlich eine Wohnung gefunden hatten, konnten wir über die Hälfte der Kosten aus Eigenkapital finanzieren.

Hier habe ich zum ersten Mal gemerkt, wie viel mehr wir schaffen können, wenn wir ein konkretes Ziel vor uns haben. Ich schalte in solchen Situationen einfach auf das Turbopedal und höre nicht auf, bis ich das Ziel erreicht habe. Ein Ziel, an das ich glaube, kann mich extrem motivieren.

Ein weiterer großer Meilenstein auf unserem Weg wurde dann ein halbes Jahr nach dem Kauf unserer Wohnung erreicht: Wir hatten die Situation, dass wir relativ wenig Darlehen aufnehmen mussten und die monatliche Rate entsprechend überschaubar war. Gleichzeitig haben wir unsere Gewohnheiten, was Sparen und Geld verdienen angeht, beibehalten. Ein halbes Jahr später haben wir dann festgestellt, dass wir wieder genug Eigenkapital für eine kleinere Wohnung hatten. Die Such-Benachrichtigungen vom Immobilienportal liefen auch weiter. Anfang 2010 hatten wir eine schöne, zentrale 2 Zimmer-Wohnung gefunden. Dabei müssen wir zugeben, dass wir uns damals als Investmentanfänger gar keine Gedanken über die Rendite gemacht haben. Wir haben nicht mal die Mietrendite ausgerechnet. Ein Berater hat uns ein paar Kalkulationen gemacht, ein überflüssiges Versicherungsprodukt verkauft und von bunten Zahlen erzählt, von denen wir vielleicht die Hälfte verstanden haben. Wie auch immer, sie haben uns überzeugt, die Wohnung ohne Eigenkapital und mit 100 % Darlehen zu kaufen. Stattdessen sollten wir unsere 30.000 € anderswo investieren. Wir waren nicht ganz überzeugt. Trotzdem haben wir es gemacht. Was uns aber klar war: Wir hatten eine vermietete Wohnung, welche sich selber langsam abbezahlt und steuerlich hat es uns auch geholfen. Unser Ziel war immer noch die Altersvorsorge. So hatten wir eine neue Wohnung und eine neue Rolle. Wir waren plötzlich Vermieter. Außerdem hatten wir ein neues Problem. Was sollten wir mit unserem Geld tun, welches eigentlich als Eigenkapital eingeplant war? Die Antwort darauf fanden wir erst eineinhalb Jahre später. Im Sommer 2011 haben wir unser Erspartes mit 4.25 % auf 5 Jahre als Termingeld angelegt. Anfang 2014 haben wir dann eine winzig kleine, aber interessante Wohnung gefunden, besichtigt und gekauft. Schlussendlich wurden es fünf vermietete Objekte.

Unser Gedanke war zunächst einfach, ein paar Wohnungen zu kaufen, und diese durch unsere Mieter abzubezahlen. Dann haben wir angefangen, die Sondertilgung voll auszunutzen, um die Kredite schneller abzubezahlen. Im Sommer 2015 hat Robert ausgerechnet, dass wir nicht bis dahin warten müssten – wir hatten schon das Geld für die Sondertilgungen für die nächste 3 Jahren – dann wären 4 von den 5 Wohnungen abbezahlt und würden so viel an Mieteinnahmen reinbringen, um unsere Lebenshaltungskosten zu decken. Außerdem hatten wir genug Ersparnisse, um bis dahin unsere Lebenshaltungskosten zu decken. So entstand dann auch irgendwann der Plan, weit vor der eigentlichen Rente mit der Arbeit aufzuhören. Das war damals, Anfang 2014, als wir darüber sprachen, wie viele ähnliche, abbezahlte Wohnungen wir brauchen würden, um ausschließlich von den Mieteinnahmen zu leben. Das haben wir zunächst ganz rudimentär mit der Frage gemacht: „Wie viel monatliches Netto-Einkommen brauchen wir?". Nur ein Grundeinkommen hatten wir nicht im Blick, wir wollten auf Nummer Sicher gehen. Unser Ziel belief sich auf 3.500 €, obwohl unsere aktuellen Ausgaben viel niedriger sind. Dann haben wir die Netto-Mieteinnahmen aufgeführt und grob die Steuern abgezogen: 2.713 €! Soviel zu den Mieteinnahmen, wenn alle Kredite abbezahlt wären. Dann haben wir weiter gerechnet. Die Zinsbindung, Restschuld der jeweiligen Darlehen sind ja bekannt, die Miete grob prognostiziert. Nachdem wir dann die maximalen Sondertilgungen auch reinberechnet hatten, stieg weißer Rauch auf: Anfang 2020 sollten wir nicht mehr für Geld arbeiten müssen. Das war das erste Mal, dass wir „genug" definiert und als Ziel gesetzt hatten. Es war erstaunlich befreiend.

Während wir am Anfang in unserer Strategie zu 100 % auf Immobilien fixiert waren, hat sich dann ein Web-Projekt von mir recht gut entwickelt und angefangen deutlich zu unserem Einkommen beizutragen und zwar zum größten Teil passiv. Plötzlich hatten wir also zwei relativ passive Standbeine.

Überraschend hat sich ein drittes Standbein ergeben. Wir haben beide gearbeitet, hatten gleichzeitig Einkünfte aus dem Web-Projekt, aber unsere Kosten blieben auf demselben Niveau. Wir konnten sehr viel sparen und es stellte sich die Frage, wohin damit. Wir haben uns dann Anfang 2016 entschieden, nach und nach in weltweite ETFs zu investieren, um somit weiter zu diversifizieren. Nur von Immobilien abhängig zu sein, fanden wir doch ein wenig riskant. Trotzdem sind wir auch dem Aktienmarkt gegenüber kritisch eingestellt. Obwohl man über ETFs ja sehr breit aufgestellt ist, so ist ein Crash durchaus möglich. Auch auf mein Online-Business möchte ich nicht angewiesen sein. Die Risiken sind hier unkalkulierbar und das Geschäft kann von heute auf morgen stark fallen. Die Wahrscheinlichkeit, dass alle diese Einnahmequellen gleichzeitig eine Talfahrt hinlegen, halten wir für extrem gering.

Anders wirtschaften

Wer sich selbst ein eigenes Grundeinkommen schafft, der hat meist mehr als andere. Weil er anders wirtschaftet. Je nach Definition kann man ihn oder sie auch als reich bezeichnen. Man wird es aber selten erkennen. Und wahrscheinlich werden sich die meisten Menschen, die sich ein Grundeinkommen geschaffen haben, eher als genügsame Menschen wahrnehmen. Es wird ihnen vielleicht sogar peinlich sein, sich selbst als reich wahrzunehmen. Weil Reichtum keinen Sinn macht, sondern nur dem Zweck der Freiheit, Unabhängigkeit oder Sicherheit dient.

Ich benutze bewusst das Wort: Genügsamkeit. Es ist genug. Ich finde, dieses Wort trifft es besser als Sparsamkeit. Letzteres hat immer den Geschmack von Verzicht. Es wird aber nicht verzichtet, maximal wird kritisch hinterfragt, ob diese oder jene Ausgabe notwendig ist. Oder ob es nicht eben einfach genug ist. Dieses genug meine ich übrigens nicht nur individuell. Auf dieser Ebene werden wir die Entscheidung treffen, ob wir etwas kaufen oder nicht. Wenn wir aber betrachten, welche Auswirkungen Konsumentscheidungen auf andere Menschen haben, die wahlweise diese Produkte für viel zu wenig Geld produzieren müssen oder unter den Produktionsbedingungen leiden müssen, dann unterlässt man den einen oder anderen Kauf schon. Neben Menschen belastet unser Konsum unseren ganzen Erdball erheblich und über die Grenzen des Erträglichen hinaus.

Auf unserem Weg zum eigenen Grundeinkommen steht also zunächst ein Abschied vom Konsum. Niko Paech, ein kritischer Wirtschaftswissenschaftler, macht dazu gute Therapievorschläge: *Wer sich der Eleganz eines ausufernden Konsum- und Mobilitätsballastes entledigt, ist davor geschützt, im Hamsterrad der käuflichen Selbstverwirklichung orientierungslos zu werden. Die Befähigung zum eleganten und Glück stiftenden Konsumieren bestünde also darin, sich von Wohlstandsschrott zu befreien, der nur unser Leben verstopft.*

Ein erster Schritt, um zu testen, wie es ist mit weniger Arbeit zu leben, ist das Teilzeitmodell. Paech ist sich sicher, dass jeder von einem halben Gehalt leben kann, wenn er sich radikal umorganisiert. Natürlich wird dann am Lebensstandard gerüttelt, natürlich kommen dann viele Ausgaben auf den Prüfstand. Aber es ist eben nicht so, dass dies nicht geht.

Damit komme ich auch gleich zu einer Frage, die ich oft gestellt bekomme. Oder ist es eine Aussage? Sie lautet, ich habe so viele Schulden oder ich verdiene so wenig Geld, ich kann diesen Weg zu einem Grundeinkommen gar nicht beschreiten. Ich werde das nie schaffen. Dabei wird selten genau hingeschaut. Sondern gleich die argumentative Bremse eingeschlagen. Die Bremse, die weiteres Nachdenken und Überprüfen nicht notwendig macht. Es geht ja nicht! Wenn man wirklich willens ist, seinen Konsum, seine Einnahmen und Ausgaben genau anzuschauen, dann geht da viel. Ich gebe zu, man muss viele Vorstellungen von Leben und Arbeit hinter sich lassen. Genauso wie mögliche eigene Gedanken zum Thema Opfer oder agierender Person. Ich weiß, dass das nicht immer einfach ist und einen oft aus der gewohnten Komfortzone herausführt, aber es werden sich Wege auftun, wenn man bereit ist, Wege zu verlassen und vielleicht zunächst neue und steinige Wege einzuschlagen.

Mir hat auch ein gutes Bild gefallen, welches ich im Klassiker von Vicky Robin „Your money or your life" gefunden habe. Sie ging darauf ein, dass man – besonders in Amerika – verpflichtet sei, zu konsumieren, um die Wirtschaft am Leben zu erhalten. Und transformierte diese vermeintliche Verpflichtung auf andere Bereiche des Lebens. Würde man sich von einem Chirurgen operieren lassen, nur damit der was zu tun hat?

Wir halten ein krankes System am Laufen, sind selbst Teil einer bescheuerten Wachstumsmaschinerie, die wir meistens absurd finden, wenn wir genauer über die Auswirkungen nachdenken.

Schritte zum Basiseinkommen

Um irgendwann vom eigenen Kapital leben zu können, braucht man einen kritischen Blick auf den eigenen Lebensstandard und dessen Kosten. Wenn man nicht gerade das Glück hat zu erben oder eine Firma gut zu verkaufen, gilt es, Kapital anzusparen. Wie viel man braucht, hängt von den Lebenshaltungskosten ab. Darauf gehe ich im nächsten Kapitel nochmal ein. In jedem Fall wird man Geld brauchen. Dieses spart man am besten Schritt für Schritt an. So wie man auch nicht von der Couch aufsteht und einen Marathon läuft, sondern sich dem Ziel des Langstreckenläufers in langsamen und stetigen Trainingsschritten nähert.

Die Schritte zum Vermögensaufbau sehen vom Grundprinzip folgendermaßen aus:

- Finanzüberblick inkl. laufendes Haushaltsbuch
- Aufbau von Kapital
- Sicherheitsrücklage
- Fuck-you Money
- Vermögen
- daraus resultierend das eigene Grundeinkommen

- Laufend läuft parallel der Prozess Kosten zu senken und Einnahmen zu steigern.

Alternativ gibt es natürlich noch die Variante, ein Unternehmen aufzubauen und von dem Gewinn zu leben. Oder einen Bestseller zu schreiben. Auf diese Varianten gehe ich später im Buch nochmal ein.

Lass uns zunächst gemeinsam diese Schritte zum klassischen Kapitalaufbau anschauen. Aus der Reihe: Wie esse ich einen Elefanten? Stück für Stück.

Der Finanzüberblick

Die ersten wesentlichen Instrumente die den Weg zur finanziellen Absicherung beschleunigen dienen erstmal dem Überblick. Logisch, dem Finanzüberblick. Er besteht aus mehreren Teilen. Zum Teil reicht es, wenn man sich ein oder zweimal im Jahr mit ihm beschäftigt, zum Teil macht es Sinn, sich täglich, dafür aber ganz kurz, damit auseinanderzusetzen. Die Rede ist zum einen von einer Finanzaufstellung mit allen Vermögenswerten und eventuellen Schulden. Die kann man von Zeit zu Zeit aktualisieren, sie dient dem Überblick. Für viele ist sie auch der klare Gradmesser, wann die eigene Grundsicherung aufgebaut sein wird, denn hier kann man die eine oder andere Hochrechnung anstellen. Aber zunächst geht es erstmal um die Vermögensübersicht.

Das zweite Instrument ist das gute alte Haushaltsbuch. Man kann es klassisch in einem Büchlein aufschreiben, sich eine Excel-Tabelle bauen oder ein Tool auf dem Smartphone nutzen. Es dient dem täglichen und monatlichen Überblick, es gibt Klarheit, wie das eigene Geld fließt und liefert natürlich auch Anregungen für Veränderung.

Die Übersicht über das eigene Vermögen

Bitte nenne mir Dein Netto-Vermögen! Auf diese Frage bekomme ich selten eine eindeutige Antwort. Gut, das liegt auch daran, dass wir über Geld ungern oder am liebsten gar nicht sprechen und eine so unverblümte Frage geradezu unverschämt erscheint. Aber selbst im vertrauten Raum eines Geldcoachings bekomme ich keine eindeutigen Antworten. Denn es ist nicht so, dass Menschen diesen Betrag nur verschweigen wollen, sie wissen ihn schlicht nicht. Wie ist das bei Dir? Kennst Du Dein Netto-Vermögen? Hast Du einen Überblick über Deine Anlagen, den aktuellen Wert und natürlich auch Deine Schulden, wenn es denn welche gibt? Wenn nicht, dann ist dieses Kapitel wichtig und auch gar nicht schwer.

Es reicht eine einfache Tabelle. Auf der einen Seite werden alle Vermögenswerte aufgelistet. Dazu gehören Bargeld auf dem Konto oder wo auch immer, Depotwerte wie Aktien, ETFs, Fonds oder Anleihen, Immobilienwerte, alle möglichen anderen Darlehen, Rückkaufswerte von Lebensversicherungen o.ä., Edelmetalle, Kunstgegenstände, Oldtimer etc.

Wichtig ist bei dieser Bewertung, die aktuellen Rückkaufswerte zu erfragen oder zu schätzen. Bei Depotwerten ist dies einfach, hier wird der aktuelle Wert im Depot angezeigt. Bei Rentenversicherungen und anderen Anlagen dieser Art gibt es in den aktuellen Übersichten immer einen aktuellen Rückkaufswert. Der kommt heute in die Tabelle. Bei Immobilien, Kunstgegenständen und Oldtimern sieht dies anders aus. Sie haben nicht zwangsläufig noch den Wert, den sie beim Kauf hatten. Wenn alles gut läuft, steigen sie im Wert. Nur gilt es dann auch einen realistischen Preis zu schätzen, ohne gleich mit möglichen Käufern über den Preis zu verhandeln. Im Internet finden sich für unterschiedlichste Investmentplattformen, auf welchen diese gehandelt werden. Wenn man Glück hat, finden sich dort vergleichbare Angebote, an denen man sich grob orientieren kann. Um auf Nummer sicher zu gehen, rate ich hier, eher einen konservativen, niedrigeren Preis in der Vermögensübersicht anzunehmen, um später keine bösen Überraschungen zu erleben. Es kann übrigens auch sein, dass man den einst gezahlten Kaufpreis nicht mehr erzielen wird. In unserer Vermögensübersicht geht es um ehrliche Transparenz, also auch um die bittere Pille, heute einen niedrigeren Wert in die Liste einzutragen als den Kaufpreis. Alles andere wäre Augenwischerei.

Oft werde ich auf meinen Seminaren auch gefragt, ob Wertgegenstände wie Autos, Computer, Schmuck und andere Werte aufgeführt werden sollen. Ja, kann man machen. Wenn man sich sicher ist, den aktuellen

Verkaufswert schätzen zu können und auch weiß, dass es dafür leicht einen Käufer geben wird. Mir hilft kein Computer, der laut irgendeiner Tabelle noch 500 € Wert ist, den aber keiner haben will. Dann kann ich ihn auch gleich weglassen. Leider ist der Wertverlust bei den meisten Konsumgegenständen erheblich. Deshalb würde ich diese Werte tendenziell nicht aufführen. Aber die Entscheidung liegt bei Dir. Wichtig ist immer, sich nichts vorzumachen, sondern ehrliche, wirklich realisierbare Werte einzutragen.

Die Vermögensübersicht hat noch eine zweite Spalte. Darin werden alle Verbindlichkeiten eingetragen, also im Wesentlichen alle Schulden, die Du hast. Dazu gehören alle unbezahlten Rechnungen, Studienkredite, Immobilienkredite, Konsumschulden und mögliche Privatkredite.

Bei beiden Spalten gilt es am Ende eine Summe zu bilden und diese voneinander abzuziehen. Daraus ergibt sich dann hoffentlich ein positiver Betrag. Wenn es ein negativer Betrag ist, ist dies auch Okay. Hier geht es erstmal um Klarheit und einen ersten Überblick. Mit diesem lässt sich dann weiterarbeiten.

Eine kleine Zusatzspalte kann man auch noch erstellen. Eine Hochrechnung zur Rente. Natürlich handelt es sich bei dieser Zahl um eine Hochrechnung. Aber gerade bei Rentenversicherungen gibt es neben dem Rückkaufswert auch einen Garantiewert, der in der Regel zum Renteneintritt ausgezahlt werden wird. Diesen kann man dort eintragen. Beim Depot wie bei Immobilien kann man eine konservative Wachstumsrate annehmen und bei den Schulden überschlagen, welche bis zum Renteneintritt getilgt sein werden. So entstehen hier nochmals andere Zahlen, die einen ersten Überblick für die Finanzsituation zum Renteneintritt geben. Wenn die Grundsicherung ins Visier rückt, kann man diese Tabelle mit einer weiteren Spalte noch durch einen früheren Zeitpunkt ergänzen, beispielsweise zu dem Zeitpunkt an welchem wesentliche Immobilienkredite getilgt sind. Aber das sind Rechenübungen, die nicht gleich zum Anfang angestellt werden müssen.

Das Haushaltsbuch

Ein zweites kraftvolles Tool ist das Haushaltsbuch. Für welche Art von Haushaltsbuch man sich entscheidet, ist eigentlich egal. Egal, wie man es macht, es ist wichtig, dass man neben den Ein- und Ausgaben in bestimmten Kostenarten noch zusätzliche Spalten bzw. Kategorien einrichten kann. Das ist für den weiteren Überblick wichtig.

Zunächst werden in das Haushaltsbuch alle täglichen Einnahmen und Ausgaben aufgeschrieben. Bei Angestellten können die Einnahmen wahrscheinlich automatisiert eingetragen werden, da das Gehalt in jedem Monat dieselbe Höhe hat. Ausnahmen bilden hier Gratifikationen oder ein Weihnachtsgeld o.ä. Bei

Selbständigen wird dies anders aussehen. Ich bin ein großer Fan davon, jedes Coaching auch in mein Haushaltsbuch einzutragen. Also nicht nur eine statisch festgelegte Gewinnentnahme, die ich mir jeden Monat ausbezahle, sondern wirklich jede Einnahme. Mich motiviert das. Wem das zu viel ist, der muss nur sicherstellen, dass die Gewinnentnahme auch durch ausreichende Einkünfte gedeckt ist. Sonst würde man sich ja hier was vormachen. Und wir wollen möglichste Klarheit, auch wenn diese vielleicht erstmal nicht so schön ist.

Bei den Ausgaben werden die Kosten für jeden Kaffee, jedes Busticket und jeden Pulli eingetragen. Also wirklich alles, was man im Laufe des Tages bezahlt. Am besten in einer festen Routine, also einmal am Tag alle Ausgaben einzutragen, die direkt aus dem Portemonnaie gezahlt wurden. Und vielleicht einmal pro Woche alle Ausgaben einzutragen, die vom Konto abgebucht wurden. Wer ein digitales Tool benutzt, der kann selbstverständlich laufende, sich wiederholende Ausgaben auch automatisch eintragen lassen.

Mit einem Haushaltsbuch bekommst Du einen tagesaktuellen und monatlichen Überblick, wie viel Geld reinkommt und wie viel Du ausgibst. Für den Aufbau einer Grundsicherung braucht es eine möglichst hohe Sparrate. Am Ende des Monats sollte noch möglichst viel Geld da sein. Wem das schwer fällt, der kann zunächst gleich am Anfang des Monats Geld auf ein extra

Sparkonto packen. „Pay yourself first" nennen die Amerikaner diese Methode. So wie Du auch bei Deiner Miete nicht am Ende des Monats sagst, die bezahl ich nicht, es ist leider nichts mehr da, so solltest Du das auch mit Dir selber machen. Dich zuerst bezahlen. Weil es wichtig ist. Weil Du wichtig bist.

Der Haushaltsüberblick liefert auch Klarheit bei Deinen Ausgaben. Hast Du irgendeine Position komplett falsch eingeschätzt? Bist Du überrascht, wie viel Geld für Kleidung draufgeht? Obwohl der Kleiderschrank doch eigentlich voll ist? Addieren sich die Kaffees und Mittagssnacks zu einer Summe, mit der Du nicht gerechnet hättest? Das Haushaltsbuch liefert Dir den ersten Überblick, um bei einzelnen Positionen nach anderen Lösungen zu suchen und Dein Konsumverhalten zu hinterfragen.

Viele Menschen unterschätzen gerade kleine oder laufenden Ausgaben. Bei kleinen Ausgaben ist es der Kaffee, den man sich auf dem Weg zur Arbeit gönnt. Oder ein günstiges E-Book, was man dann am Ende des Tages doch nicht geschafft hat, zu lesen. Klar, hat nur ein paar Euro gekostet, hätte man sich aber auch sparen können. Bei laufenden Ausgaben bekomme ich oft von Abos berichtet, die immer noch fleißig abbuchen, die man aber schon lange nicht mehr benutzt. Oder von Handyverträgen, die halt immer so weiterlaufen, ohne dass man sie jemals auf die aktuellen Preise hin überprüft hat. Wenn sich da für Dich auf den ersten Blick schon Veränderungspotentiale ergeben, setze sie um. Am Anfang nur, wenn es leicht geht.

Denn ich kenne auch viele Menschen, denen heftige Widerstände bei dem Führen eines Haushaltsbuches begegnen. Meist entstehen automatisch schlechte Gefühle, weil wir uns für unnötige Ausgaben beschimpfen. Wenn das bei Dir der Fall ist, dann schau bitte zunächst wertfrei hin, was reinkommt und was wieder rausgeht. Sonst entsteht dann ein Widerstand, überhaupt zu notieren, was man ausgibt, weil damit automatisch schlechte Gefühle verbunden sind. Darum soll es nicht gehen. Es geht erstmal um Transparenz. Die meisten Menschen gehen auch nicht einkaufen, ohne vorher in den Kühlschrank zu schauen, was noch da ist und was alle ist. Um diese Art von Transparenz geht es im ersten Schritt. Einfach mal schauen. Ohne Schuldgefühle. Ob in einem zweiten Schritt der Veränderung dann Schuldgefühle auftreten müssen, dass ist eine ganz eigene Bewertungsfrage. Ich finde nicht. Denn über Schuldgefühle findet in der Regel keine wirkliche Veränderung statt. Also, wer kein Haushaltsbuch führt, wegen solcher Schuldgefühle – vielleicht getarnt hinter dem Argument, dass ist ja viel zu umständlich, der denkt bitte an den Vergleich mit dem Kühlschrank und legt los. Wie verantwortungsvolles einkaufen.

Den Stundenlohn Deiner Arbeit berechnen

Mit Deinem Haushaltsbuch kannst Du sehr gut berechnen, wie viel Du pro Stunde verdienst. Nun wirst Du vielleicht fragen, wieso Du dafür ein Haushaltsbuch brauchst. Immerhin ist die erste Rechnung ja einfach. Ich habe hier mal die Zahlen und Angaben von einer Coachee, ich nenne sie hier Petra, genommen. Petra arbeitet 40 Stunden in der Woche und verdient netto 2.900 €. Aufgrund der unterschiedlichen Monate führe ich die Rechnung mal als Jahresrechnung durch.

Bei 8 Stunden Arbeitszeit und 220 Arbeitstagen im Jahr macht das im Jahr 1.760 Stunden. Der Jahresverdienst beträgt bei Petra 34.800 €. Dividiert man diesen Verdienst durch die Stunden beträgt der Stundenlohn 19,77 €. In diesem Fall netto. Alternativ kann man dies auch mit dem Bruttolohn machen, in diesem Beispiel wären das 52.500€. Also ein brutto Stundenlohn von 29,83 €. Soweit die gängige Rechnung.

Zu Petras Arbeit gehört aber noch mehr. Auf der Zeitseite, wie auch auf der Ausgabenseite. Die zeitlichen Aspekte lassen sich nicht im Haushaltsbuch berechnen, hierzu braucht es eine gesonderte Übersicht. Zu der zusätzlichen Zeit, die Petra für die Arbeit braucht, gehört die Zeit, die sie braucht, um zu ihrem Arbeitsort zu fahren, dazu gehören unbezahlte Überstunden und die Zeit, die sie zu Hause für ihre Arbeit noch verwendet. Petra pendelt täglich mit dem Auto zur Arbeit. Sie rechnet dafür je nach Verkehrslage 45 Minuten pro Strecke ein, für die Parkplatzsuche geht oft weitere Zeit drauf, wir rechnen mit weiteren 5 Minuten. Macht für die Pendelstrecke 100 Minuten. Überstunden schwanken bei ihr, sie gibt aber mit einem schrägen Lächeln an, dass sie sich immer mal wieder etwas Arbeit mit nach Hause nimmt und abends oder am Wochenende daran arbeitet. Sie schätzt, dass dies etwa 150 Stunden im Jahr ausmacht, also täglich 5 Minuten. Was eine erfreulich niedrige Rate ist. Natürlich ist sie per Handy für Fragen der Kollegen immer erreichbar, kurze Mails beantwortet sie auch von unterwegs. Für diese Bereitschaft berechnen wir 15 weitere Minuten pro Tag. Sie kommt also täglich durch zusätzliche Arbeit und die notwendigen Fahrten zum Arbeitsort auf zwei zusätzliche unbezahlte Stunden, die sie benötigt, um ihren Arbeitslohn zu verdienen.

Hat sie auch zusätzliche Ausgaben? Auf den ersten Blick nicht, denn der Arbeitsplatz wird mit der kompletten Arbeitsausstattung natürlich vom Arbeitgeber gestellt. Auf den zweiten Blick kommt aber schon einiges zusammen. Hier kann das Haushaltsbuch helfen, es braucht eine weitere Spalte, in der alle arbeitsbedingten Kosten zusammengezählt werden. Augenfällig sind die Kosten für den PKW. Um es hier in der Detailrechnung nicht ausufern zu lassen, gehe ich in dieser Rechnung mal von der Kilometerpauschale aus. Die darf man zwar dann auch noch mal von der Steuer abziehen, dennoch mindert dies nur die Steuerlast, die Kosten fallen zunächst auch an. Petra fährt jeden Morgen 30km. Macht also für Hin- und Rückfahrt 60km, bei unserer Kilometerpauschale wären das tägliche Kosten von 18 €, jährlich macht dies 3.960 €. Um die Steuergutschrift zu berücksichtigen, rechnen wir im Weiteren nur mit 3.000 €. In ihrem Haushaltsbuch dokumentiert Petra auch die Kosten, die sie täglich in der Mittagspause ausgibt. Nach einem Jahr addieren sich diese auf 1.200 €. Fürs Büro braucht sie außerdem Kostüme, die sie nur auf der Arbeit trägt. Diese Kleider hat sie entsprechend auch den Bürokosten zugerechnet, im letzten Jahr waren es 1.350 €. Macht eine Summe von 5.550 €, die wir vom Nettolohn abziehen müssen. Im Haushaltsbuch lassen sich diese Ausgaben alle sehr detailgenau erfassen. Manchmal wird man die Kosten, die der Arbeit zu fallen, anteilig berücksichtigen müssen. Dafür heißt es dann Schätzungen vorzunehmen. Die Leitfrage dabei ist, ob die Kosten anfallen würden, wenn Petra nicht mehr arbeiten würde. Dies kann Petra bei allen Kostenpunkten klar benennen. Sie bräuchte das Auto wahrscheinlich nicht, zumal ihr Partner noch ein zweites Auto fährt, welches sie sonst von Zeit zu Zeit nutzen könnte. Und ihre Kostüme, verrät sie lachend, würde sie liebend gerne im Schrank hängen lassen bzw. gar nicht mehr besitzen. Bei den Mittagssnacks würde ein kleiner Teil an Kosten entstehen, wenn sie zu Hause isst. Aber im Vergleich zur Kantine sind die Lebensmittel zu Hause deutlich billiger. Petra entscheidet für sich, den ganzen Betrag von ihrem Nettolohn abzuziehen. Sie verfügt also um ein bereinigtes Einkommen von 29.250 €. Dafür benötigt sie real mehr Stunden um ihre Arbeit auszufüllen, als die vertraglich vereinbarten 8 Stunden pro Tag. Es sind schlicht 10, macht im Jahr 2.200 Stunden. Dividieren wir das ausgabenreduzierte Jahresgehalt durch die nun um den wirklichen Aufwand ergänzten Stunden, kommen wir auf einen Stundenlohn von 13,30 €.

Dieses Zahlenspiel ist für mehrere Gedankengänge wichtig. Bei Konsumentscheidungen kann Petra in Zukunft den Wert einer Hose in Stunden umrechnen. Bin ich bereit für eine Hose 7 Stunden zu arbeiten? Oder ist sie das vielleicht doch nicht wert?

Das bereinigte Jahresgehalt ist wichtig, um eine gute Einschätzung für eine eigene Grundsicherung zu haben. Im Monat gehen knapp 500 € vom eigentlichen Netto-Gehalt wieder für Kosten für die Arbeit ab. Hätte man diese nicht, bräuchte man auch das Geld nicht. Entsprechend geringer kann auch eine Grundsicherung aussehen.

Nachdem Du diese Schritte durchgeführt hast, verfügst Du über einen maximalen Überblick über Deine aktuelle Finanzsituation. Du weißt, wie hoch Dein Vermögen ist. Wenn Du eine Zeitlang das Haushaltsbuch geführt hast und ein paar Rechnungen angestellt hast, weißt Du wie hoch Deine monatliche Sparrate ist und wie viel Geld Du in der Stunde verdienst, insbesondere wenn Du den gesamten zeitlichen Aufwand abziehst und alle Zusatzkosten addierst. Mit diesen Zahlen lässt sich gut weiterarbeiten.

Lass uns kurz noch schauen, wie andere ihre angestellte Erwerbsarbeit wahrnehmen oder wahrgenommen haben. Emma sollte nach der Elternzeit wieder zurück zur Arbeit gehen und hatte dazu keine Lust. Die gemeinsame Rechnung wird von Robert beschrieben: *Emma war noch bis Sommer 2015 in Elternzeit. Ich kann mich noch erinnern, als wir uns 2-3 Monate vor ihrer geplanten Rückkehr in die Arbeitswelt hingesetzt haben, um ihren tatsächlichen Stundenlohn auszurechnen. Zwar ist ihr Arbeitgeber nur wenige U-Bahn-Stationen von zuhause entfernt, trotzdem, die Reisezeit muss einbezogen sein. Der netto Stundenlohn hat sie richtig geschockt. Wir haben dann unsere Finanzen genauer unter die Lupe genommen und uns entschieden, dass sie eigentlich nicht mehr, und vermutlich nie mehr arbeiten gehen muss. Es würde überhaupt kein Sinn machen. Entsprechend hat dann auch sie ihre Freiberuflichkeit geplant, weil sie dort mit weniger Aufwand mehr erreichen könne. Allerdings in der freien Situation, dass sie dies nicht muss. Was für ein Luxus.*

Martin hat gerade erst angefangen, zu arbeiten. Und er arbeitet bereits heftig mit seiner Partnerin Pia am Aufbau eines Grundeinkommens. Die beiden habe ich erst nach der Veröffentlichung meines ersten Buchs kennengelernt. Das Gespräch war natürlich trotzdem spannend. Martin berichtete von seinem Eintritt ins Berufsleben und seinen Gedanken dazu: *Im April 2016 war es bei mir soweit. Ich trat meine erste Vollzeitstelle als Angestellter an und war zunächst einmal positiv überrascht. Die Kollegen waren allesamt nett und hilfsbereit, ich wurde geduldig eingelernt und mir machte es Spaß meine Projekte voranzutreiben. Im Grunde hat alles gepasst (bis auf das Essen in der Kantine). Trotz dieser Voraussetzungen war mir bereits nach einigen Monaten klar, dass ich solch' einen Job nicht die nächsten 40 Jahre lang in Vollzeit ausführen möchte. Dabei geht es gar nicht so sehr um die Inhalte des Jobs oder um die Kollegen, denn damit war ich vollauf zufrieden.*

Es geht einzig und allein um die Zeit, die der Vollzeitjob frisst: Es bleibt (für meinen Geschmack) schlichtweg zu wenig Zeit für Sport, Zweisamkeit, Müßiggang, aber auch für Dinge wie unseren Blog www.zinskraft.de und generell meine nebenberufliche Selbständigkeit (die ich auch als Hobby sehe) übrig. Inklusive Fahrtzeit gehen an 5 Tagen pro Woche jeweils 10 Stunden für den Job drauf. Mir war sehr schnell bewusst, dass ich das so nicht 40 Jahre lang hinnehmen möchte und werde.

Meinen Job vollständig zu kündigen ist dabei gar nicht mein Ziel: Sehr gut kann ich mir vorstellen den Bürojob langfristig gesehen in Teilzeit auszuüben, beispielsweise nur an drei Tagen pro Woche zu arbeiten und den Rest der Zeit mit den oben genannten Aktivitäten zu füllen. Dass meine Frau und ich trotz aktuell noch eher geringem Einkommen (ich im öffentlichen Dienst, sie noch im Referendariat) monatlich relativ viel Geld sparen und uns ein genügsamer Lebensstil sehr zusagt, hat mich auch schnell zu der Erkenntnis gebracht, dass dieses Ziel durchaus erreichbar ist. Kurz gesagt bevor-

zuge ich ganz klar die Kombination „viel Zeit & viel Genügsamkeit" gegenüber der Kombination „viel Arbeit & viel Konsum".

Budgetierung

Egal, an welcher Stelle Du im Aufbau Deines Grundeinkommens stehst, es kann großen Sinn machen, Dein vorhandenes Geld einzuteilen. Am Ende des Monats noch alles zurückzulegen, was übrig ist, macht für viele Menschen keinen Sinn. Wie durch ein Wunder ist nämlich nichts mehr übrig. Ich erlebe sie häufig, die Menschen, die mir sehr überzeugend erklären, dass es bei ihnen kein Geld zum Sparen gäbe. Es reicht ja so hinten und vorne schon nicht. Auf die Seite der Kosten und Ausgaben kommen wir noch im späteren Kapitel zu sprechen. Ich kann aber hier schon vorwegnehmen: Es gibt eigentlich immer was, was eingespart werden kann. Es ist in der Regel eine Frage der Prioritätensetzung und der Frage, was mir gerade wichtiger ist und wie sehr ich bereit bin, Einschnitte vorzunehmen. Da geht immer was!

Nun aber zum Budget. Ein Vorschlag könnte folgendermaßen lauten. Alle Einkünfte werden auf folgende Positionen verteilt:

60% für die laufenden Lebenshaltungskosten
10% für den Aufbau eines Grundeinkommens
10% für den Abbau von Schulden oder das Sparen

auf teurere Investitionen
5% für die eigene Weiterbildung
10% für den eigenen Spaß
5% für andere Menschen, insbesondere Spenden.

Warum diese Aufteilung?

Die Lebenshaltungskosten erklären sich von selbst. Von 60% gilt es die Miete, Lebensmittel, Kleidung und alles andere Alltägliche zu bezahlen. Das mag am Anfang etwas schwer erscheinen, gerade wenn man vorher immer alles Geld für seinen Lebensunterhalt verwendet hat und kein Geld übrig war, für Sicherheitsrücklagen oder gar Vermögensbildung. Kann man machen. Führt in der Regel zu einer Mangelwahrnehmung, was Geld angeht. Denn wenn schon ein etwas größerer Notgroschen fehlt, werden größere Sonderausgaben ein Problem darstellen. Menschen, die über fehlendes Geld jammern, schaffen in der Regel keine systematischen Rücklagen. Diese Aufteilung hier, zielt darauf ab, eine eigene Grundsicherung zu schaffen. Von nichts kommt nichts und wie schon häufiger erwähnt, das Ziel nicht mehr für Geld arbeiten zu müssen, hat einen Preis. In diesem Vorschlag ist das Ziel 60% der Einkünfte für die Lebenshaltungskosten zu reservieren. Erreicht werden kann dieses Ziel durch die Reduzierung von Ausgaben oder auch die Erhöhung von Einnahmen. Auf beide Bereiche wird in den weiteren Kapiteln noch eingegangen werden.

Der Aufbau eines Grundeinkommens ist ja das eigentliche Ziel. Vielleicht erscheint es wenig, nur 10% in dieses Budget zu packen. Ich habe mit Menschen gesprochen, die auch 70% ihres Einkommens in diesen Posten packen. Die ihre absolute Priorität im Aufbau eines Grundeinkommens und der dahinterliegenden finanziellen Freiheit sehen. Kann man machen. Ist aber nicht der erste Schritt. Im ersten Schritt reichen 10%. Wenn diese gut etabliert sind, kann man über eine Steigerung nachdenken. Gut etabliert heißt für mich, dass dieses Geld nie für Notfälle und schon gar nicht einfach so angefasst wird. Gut etabliert heißt für mich auch, dass dieses Geld regelmäßig investiert und dadurch immer mehr wird.

Viele Menschen mit Schulden fokussieren sich komplett auf die Tilgung der Schulden. Ich finde, es lohnt hier ein genauerer Blick. Immobilienschulden sind als Hypothek in der Regel mit der sonst anfallenden Miete austauschbar. Wer eine Hypothek abbezahlt, der tut dies hoffentlich in vertretbaren Raten, die zu den Lebenshaltungskosten oben gehören. Je nach Kreditvertrag sind in bestimmten Abständen Sondertilgungen möglich. Diese größeren Summen können in diesen 10% des Budgets angespart werden. Lohnenswert kann es sein, das Auslaufen der Zinsbindung im Blick zu haben. Dies können gute Zeitpunkte sein, um eine größere Sondertilgung vorzunehmen.

In diese 10% gehören auch alle anderen Schulden, die noch getilgt werden müssen. Manchmal muss man hier selbst bewerten, welchen Kredit man zuerst angeht. Kurzfristigere Kreditverträge beispielsweise für Konsumkredite lohnen einen genauen Blick, ob hier eine Sondertilgung Sinn macht. Einfach, weil hier die Zinsen oft recht hoch sind. Zu klären sind, ob die Bank bei einer Sondertilgung Gebühren nimmt oder ob es sogar zu einer Kreditminderung kommen kann, wie es bei einigen Studienkrediten der Fall ist.

Ob also zunächst alle Energie in die Schuldentilgung gesteckt werden soll oder ob hier eine Mischung eher der Königsweg ist, das ist eine Entscheidung, die Du sehr individuell treffen musst. Ich persönlich finde die 10% Regel gut, einfach weil dadurch nicht der ganze Fokus auf der Schuldentilgung liegt. Wo unser Fokus liegt, da haben wir unsere Aufmerksamkeit. Ein Fokus auf Schulden, also letztlich auf Mangel, ist kein förderlicher Fokus in meinen Augen. Natürlich macht es Sinn, die Schulden zu tilgen. Aber es macht eben auch Sinn, in die anderen Positionen des Lebens einzuzahlen.

Wer keine Schulden hat, der nutzt die 10% zum Aufbau einer Sicherheitsrücklage oder für geplante größere Ausgaben. Zu diesem Zweck kann man diese Position auch nochmals halbieren und entsprechend verwenden. Denn selbst wenn man viele planbare größere Wünsche hat, macht es Sinn eine Sicherheitsrücklage für die nicht-planbaren Ausgaben vorzuhalten.

Investiere in Dich selbst! Für diesen Leitsatz sind die nächsten 5% da. Das finanzielle Ziel dahinter: Wenn Du mehr kannst, wirst Du für Deine Fähigkeiten auch mehr Geld erhalten können. Ich finde, hinter der eigenen Weiterbildung steht aber noch viel mehr als nur vordergründige finanzielle Vorteile. Weiterbildung heißt Neues zu entdecken, zu verstehen und zu erlernen. Weiterbildung heißt sich stetig neu zu verbessern und zu entwickeln. Das Investment in sich selbst kann also auf vielfältige Weise Rendite bringen.

Das Leben ist deutlich mehr als sparen und auch mehr als nur an die Zukunft zu denken. Das Spaßkonto könnte ich auch das „Hier-und-Jetzt-Konto" nennen. Das Konto für alle, die lieber heute leben und nicht so gerne an morgen denken. Die gerne ein bisschen Luxus erleben wollen. Für alle, die daran nicht so gewöhnt sind und die lieber viel sparen, ist dieses Konto eine echte Herausforderung. Denn für dieses Konto gilt die Regel, dass die Beträge maximal drei Monate angespart werden dürfen. Dann müssen sie ausgegeben werden. Für eine schöne Massage, ein tolles Abendessen oder diesen sündhaft teuren, aber kuscheligen Pulli. Oder was auch immer für Dich ein kleines Stückchen Luxus ist. Das Konto hat aber auch noch einen anderen Zweck. Vermögen bauen wir ja nicht nur als Selbstzweck auf. Sondern um damit ein möglichst gutes Leben führen zu dürfen. Und das darf auch heute schon beginnen. Daran darfst Du schnuppern, dies darfst Du im Rahmen dieses Budgets bereits auskosten. Um einen motivierenden Vorgeschmack zu haben, wie gut es sein wird, wenn Du durch Dein Grundeinkommen mehr finanzielle Spielräume erhältst. Für Personen, die sich gerne im Hier und Jetzt belohnen, die im Gedankengang „Das habe ich mir verdient und das kann ich mir jetzt gönnen" zu Hause sind, ist das Spaßkonto insofern eine Herausforderung, als dass es eben auch budgetiert ist und aus dieser Perspektive mit 10% möglicherweise sehr sparsam bemessen ist. Wer im Genießermodus unterwegs ist, der darf schauen, wie man genießen und sich belohnen kann, ohne dafür (viel) Geld auszugeben.

Finanzieller Spielraum ist auch wichtig, wenn man andere Menschen oder gute Ziele auf der Welt unterstützen will. Dafür sind die letzten 5% da. Diese können wahlweise auch in Zeit gegeben werden. Wer also lieber bei einem Obdachlosenprojekt hilft oder mit Kindern aus der Nachbarschaft Hausarbeiten macht, oder was auch immer – das geht auch. Das Prinzip dahinter ist, der Welt etwas zurückzugeben. In Geld oder in Zeit. Wie Du das genau gestaltest, bleibt Dir selbst überlassen.

Wie definitiv sind die Prozente? In diesem Buch ist nichts definitiv. Es handelt sich bei allen Gedanken, Ideen und Tipps um Erfahrungswerte, die anderen Menschen geholfen haben, sich selbst eine Grundsicherung aufzubauen oder auch noch reicher zu werden. Dennoch darfst und sollst Du Deine Erfahrungen machen und immer wieder überprüfen, ob das Geschriebene für Dich Sinn macht. In den hier vorgestellten Punkten kannst Du natürlich einzelne Budgets verschieben oder weglassen. Du musst Dir bloß über die Auswirkungen bewusst sein. Wenn Du beispielsweise bereits viel Geld auf der hohen Kante hast, dann kannst Du möglicherweise das Budget für längerfristige Investitionen weglassen. Diese Kosten bestreitest Du aus Deinem Vermögen. Und steckst diese 10% in den weiteren Aufbau Deines Grundeinkommens. Als ich einer recht vermögenden, aber sparsamen Frau dieses Modell vorgestellt habe, befand sie für sich, dass nicht nur die längerfristigen Investitionen für sie unnötig seien, sondern auch das Spaßkonto. Im weiteren Gespräch erzählte sie dann, dass sie ohnehin nie wüsste, wohin mit ihrem Geld und ihr Konsum einfach keinen Spaß machen würde. Ich habe da ein bisschen nachgehakt und einen wunden Punkt in ihrem Leben entdeckt. Sie war mit sehr sparsamen Eltern aufgewachsen und Geld ausgeben, war verpönt. Ihre Eltern hatten beide als junge Menschen im 2. Weltkrieg viel verloren und vertraten nun die Devise, möglichst alles zusammenhalten. In diesem Klima der Sparsamkeit war sie aufgewachsen und durch dieses Klima war sie auch sehr leicht selbst reich geworden. Sparen lag ihr sozusagen im Blut. So sehr, dass die schönen Seiten des Lebens, zumindest die, die mit Geld ausgeben zu tun hatten, fast nicht vorhanden waren. Ich konnte sie dann schon überzeugen, zumindest testweise ein Spaßkonto einzurichten und mal zu experimentieren, wie sich ihr Leben möglicherweise ändern könnte. Sie hat sich darauf eingelassen. Das Spaßgeld hat dann bei ihr viel Kreativität freigesetzt, zu schauen, was sie sich doch leisten würde wollen. Wir haben uns ein Jahr nach dem Gespräch noch mal gesehen und sie erzählte von schönen Urlauben mit ihrem Mann und Besuche von Wellnesstempeln. Nicht übermäßig vielen. Aber sie gab schon zu, dass diese 10% bei ihr wie eine Art Erlaubnis fungierten und eine Art Auftrag darstellten, darauf zu achten, dass es ihr auch gut ging. Der erste Impuls von ihr, dieses Budget zu streichen, wäre also genau der falsche Impuls gewesen. Genau hier ging ihre eigene Weiterentwicklung lang. Ich bin mir nicht ganz sicher, ob sie dies ohne unser Gespräch gemerkt hätte.

Der Vermögensaufbau

Vermögen baut sich Schritt für Schritt auf. Es macht keinen wirklichen Sinn, spontan und ohne Plan übriges Geld irgendwie zu investieren. Sich dabei möglicherweise auf einen super Tipp zu verlassen, den man selber nicht versteht. Leider sind in dieser Hinsicht Bankberater in den letzten Jahrzehnten eher negativ aufgefallen. Weil sie sich eben nur Berater nennen, es sich aber eigentlich um Verkäufer handelt. Banken kreieren ihre eigenen Anlageprodukte. Oder sie verkaufen gegen Provision die von anderen Anbietern. In jedem Fall verdienen sie mit Produkten unterschiedlich viel Geld. Mal mehr, mal weniger. Viele Menschen, die ich kennengelernt habe, haben Beratern vertraut und für sie nicht so gute Produkte verkauft bekommen. Gut waren die Produkte für den Berater, der entsprechende Provisionen bei Abschluss und auch laufend erhält. Mittlerweile hat sich dies ein bisschen verbessert, weil inzwischen bei jedem Verkauf die Kosten offengelegt werden müssen. Das heißt natürlich immer noch nicht, dass damit der Vermögensaufbau über Berater/ sprich Verkäufer günstiger wird. Aber die Rhetorik wird auf jeden Fall besser.

Will man sein Vermögen mittels eigener Geldbildung aufbauen, braucht dies ein bisschen Interesse und Zeit. Ich sage bewusst, ein bisschen. So schwer ist es auch wieder nicht. Viele Menschen haben im Kopf, dass das Investment schwer sei. Dies haben sie von ihren Eltern oder von Lehrern aufgeschnappt, gerne auch von

Bankberatern, die ja schon auch davon leben, dass wir unsere Sache nicht selbst in die Hand nehmen. Besonders Frauen stellen sich hilflos, gerne aber auch Männer. Ich möchte hier mal ein Beispiel aus der Ernährung herausgreifen. Viele, viele Menschen leiden unter Nahrungsunverträglichkeiten. Nehmen wir Gluten. Vor 10 Jahren kannte ich diesen Begriff nicht. Inzwischen weiß ich, was sich dahinter verbirgt, ich weiß, was das Zeug in meinem Körper anstellt, wie ich an glutenfreie Produkte komme und welche Dinge ich am besten im Restaurant weglasse, weil man nie sicher sein kann. Will sagen, ich habe mich umfangreich schlau gemacht. Obwohl mich vor 10 Jahren das Wort Gluten kalt gelassen hat, kann ich mich heute eine Glutenexpertin nennen. Ich habe das aus einer Not herausgetan, obwohl ich es selber nur diffus gemerkt habe. Aber mein Arzt hat mir diese Unverträglichkeit attestiert und ich kann sagen, nachdem ich mich schlau gemacht habe und meine Ernährungsgewohnheiten drastisch verändert habe, geht es mir besser.

Diese Not habe ich bei Geld auch. Ich spüre sie möglicherweise auch nur diffus, ähnlich wie bei der Glutenunverträglichkeit. So wie ich bei den Gluten in der Lage war, mich schlau zu machen, so ist dies auch bei Finanzen möglich. Schritt für Schritt und verbunden mit dem Gefühl, dass es mir bei jedem erfolgreichen Schritt wieder ein Stück besser geht.

Nun aber zu den einzelnen Stufen, mit denen man sein Vermögen strategisch aufbaut. Eben Schritt für Schritt. Je nachdem, wie hoch dein Vermögen in Deiner Finanzübersicht ist, steigst Du an bestimmten Stellen in dieser Auflistung ein. Es macht übrigens keinen Sinn eine Stufe zu überspringen, wahrscheinlich werden Dir dann die fehlenden Beträge auch tatsächlich irgendwann fehlen.

Der Notgroschen

Wenn wir anfangen, Geld zu sparen, dann braucht es erstmal eine Sicherheitsrücklage. Diese sollte grob Deine Monatsausgaben für etwa drei Monate umfassen. Ich erlebe immer Menschen, die stöhnen, wenn die Waschmaschine kaputtgeht. Nachdem sie 14 Jahre lang die Wäsche brav gewaschen hat. Nun ist kein Geld für die neue Waschmaschine da. Für diese Unwägbarkeiten ist dieser Notgroschen da. Für die planbaren und besonders die nicht-planbaren Ausgaben, die das Leben mit sich bringt. Menschen, die genug Geld in der Sicherheitsrücklage haben, ziehen los und für sie ist der Wechsel der Waschmaschine kein großes Ding. Menschen, die sich erst das Geld für die Waschmaschine zusammenleihen müssen, erleben einen ganz anderen Stress. Der muss nicht sein!

Der Notgroschen lässt sich einfach als Dauerauftrag auf einem gesonderten Konto ansparen. Gesondertes Konto deshalb, weil es wichtig ist, dass dieser Betrag nicht gleich sichtbar ist. Wer sein Girokonto bei seiner Bank aufruft und zeitgleich sieht, dass er auf dem Tagesgeldkonto noch 1.500 € liegen hat, kommt leicht in die Versuchung auch die nächste Klamottenbestellung als Notfall zu deklarieren. Die Jeans habe ich einfach gebraucht. Bitte, schau noch mal in Deinen Kleiderschrank! Und leg Deinen Notgroschen so weg, dass er Dich gar nicht erst verführen kann. Ich hatte es schon erwähnt, die Sicherheitsrücklage gehört auf ein Tagesgeldkonto oder Sparbuch. Sie muss sicher und jederzeit verfügbar sein. Auch wenn sie dadurch wenig bis gar keine Zinsen bringt, dafür ist diese Rücklage jetzt erstmal nicht gedacht. Ist die Sparrücklage angespart, kannst Du zum nächsten Sparschritt übergehen:

Fuck-you Money

Ich liebe diesen unanständigen Begriff aus den USA, der dort immer nur mit F-you Money beschrieben wird. Bei dieser erweiterten Sicherheitsrücklage geht es um mindestens sechs Monatsgehälter und maximal ein Jahresgehalt. Wenn Deine Sparrate sehr hoch ist, kann sich dieser Betrag auch nicht an Deinem Monatsgehalt orientieren, sondern an Deinen tatsächlichen Lebenshaltungskosten. Denn die sind ja dann entsprechend niedriger.

Warum sie im englischen gerne *Fuck you money* genannt wird? Sie macht einfach unabhängiger. Kommt ein Chef oder bei Selbständigen eine Kundin blöd, kann man sich viel entspannter aus dem jeweiligen vertraglichen Verhältnis lösen. Wer ein Jahr so überbrücken kann, der ist schon mal ein ganzes Stück frei.

Robert berichtete von einem Wendepunkt, der ihn in seinem Leben weitergebracht hat, der aber ohne den Rückhalt von Fuck-you-money nie möglich gewesen wäre: *In meinem Fall gab es Ende 2014 einen Wendepunkt. Ich hatte fast täglich für einen größeren Kunden gearbeitet. Diesen habe ich seit Jahren betreut und obwohl mein Stundensatz mehrmals erhöht wurde, langweilten mich die Aufgaben. Irgendwann habe ich mich dann entschieden, dass es so nicht weitergehen kann. Mein Online-Business hatte angefangen Einnahmen zu generieren, zusätzlich hatte ich noch andere Kunden, für die ich jeweils ein paar Stunden monatlich gearbeitet habe, ich war also nicht abhängig von diesem großen Kunden. So habe ich mein ganzes Selbstbewusstsein zusammengesucht und kurzfristig einen Termin mit dem Geschäftsführer der Firma ausgemacht. Ich habe ihm vorgeschlagen, dass ich im nächsten Jahr nur halb so viel Zeit für die Firma zur Verfügung stehen würde, gleichzeitig habe ich meinen Stundensatz verdoppelt. Gut, ich habe es nicht wirklich so kurz und arrogant dargestellt, sondern habe erklärt, dass ich mehr Zeit für meine Familie brauche. Außerdem habe ich angeboten, jemanden mit deutlich weniger Erfahrung und damit weniger Kosten einzuarbeiten, der die einfachsten Aufgaben übernehmen könnte. Gleichzeitig habe ich ihm klargemacht, dass ich von seiner Firma nicht wirklich abhängig bin, da ich sowohl andere Kunden habe, als auch eigene Projekte. Was ich ihm vorgeschlagen habe, hat meiner Meinung nach für die Firma viel Sinn gemacht. Trotzdem war es ein gewagtes Gespräch. Ich war ein bisschen platt, als ich aus dem Büro kam, dass ich den Mut dazu aufgebracht hatte. Mir war aber auch klar, dass ich nichts zu verlieren hatte. Ich habe meine Alternativen und Worst-Case-Szenarien in meinem Kopf durchgespielt. Wenn er nein gesagt hätte, dann hätte ich mich auf neue Kunden und neue, spannende Projekte gefreut. Noch besser, ich hätte viel Zeit gehabt, mein Online-Business weiter auszubauen. Reserven hatten wir auch genug um ein paar Jahren zu überleben.*

Was folgte, war ein Paradebeispiel davon wie F-You Money funktioniert. Im Gespräch hat mein Chef nicht viel gesagt. Er konnte vermutlich nicht wirklich fassen, was er da gehört hatte. So nach dem Motto: „Da will jemand weniger arbeiten und seinen Stundensatz gleichzeitig verdoppeln?! Bitte was?" Dennoch bekam ich nach ein paar Tagen die Zusage. Er hat tatsächlich mitgemacht.

Ich hatte also in 2015 jede Menge Zeit, um mich um Dinge zu kümmern, die mich interessierten. Ich habe gleichzeitig mit anderen Projekten rumexperimentiert, die lukrativer sind und mehr Spaß machen, habe neue, spannende Kunden akquiriert, mit denen ich nur remote arbeite. Unterm Strich war das eine der besten Entscheidungen meines Lebens und ich wünschte, ich hätte diesen Schritt früher gewagt und mich von der quasi-Abhängigkeit von einem Kunden befreit.

Wie das Geld für ein Jahresgehalt anlegen?

Bei dem Betrag für ein ordentliches Fuck-you Geld handelt es sich bereits um eine beträchtliche 5-stellige Summe. Wie viel man davon auf dem Tagesgeldkonto bereithält, orientiert sich am eigenen Leben. Wer beispielsweise gerade um seine Stelle bangt, der wird möglichst viel von diesem ersten freien Vermögen verfügbar haben wollen. Immerhin kann es schnell sein, dass man dieses Geld brauchen wird.

Dann kenne ich Selbständige, die dieses Geld gerne als Sicherheit haben, die aber auch wissen, dass nicht alle Kunden auf einen Schlag wegbrechen werden. So erzählte mir Susanne, ihres Zeichens Bauingenieurin: *Ich habe etwa 70.000 € als Rücklage. Damit fühle ich mich sehr wohl, im Notfall könnte ich meine Ausgaben und mein kleines Büro mit diesem Geld für ein Jahr finanzieren. Das wird aber so nie eintreten. Selbst wenn es Jahre mit geringer Bautätigkeit gibt, wird es trotzdem immer noch den einen oder anderen Auftrag für mich geben. Von daher habe ich 25.000 € auf einem ganz klassischen Tagesgeldkonto angelegt. Die anderen 45.000 € habe ich vor 6 Jahren konservativ am Aktienmarkt angelegt. Klar, wenn die Bauflaute auf eine Wirtschaftskrise trifft, habe ich möglicherweise ein Problem. Trotzdem gehe ich das Risiko ein. Zumal dadurch mein Depot durchschnittlich pro Jahr um rund 4% gewachsen ist und damit der Buchwert bereits 68.000 € beträgt. Das hätte ich mit meinem Tagesgeldkonto nie schaffen können.*

Wir werden auf dieses Risikogefühl noch eingehen. Susanne hat sich für ein gewisses Risiko entschieden, erkennt aber eben auch die Chancen, die ihre Form der erweiterten Sicherheitsrücklage angeht.

Ab diesem Punkt ist auch schon der Punkt erreicht, bis zu dem es noch allgemeingültige Ratschläge geben kann. Jetzt folgt der individuelle Wachstumsweg mit hoffentlich viel Neugierde, etwas Mut und vielen neuen Erfahrungen. Mit jeder Beschäftigung mit einer Geldanlage erlangen wir neues Wissen, ob wir uns nur schlau machen oder tatsächlich investieren. Dabei werden wir Gewinne einfahren und Fehler machen. Beides passiert. Und beides will analysiert werden. Um daraus zu lernen. Und wieder den nächsten Schritt zu gehen. Mit neuen Lernerfahrungen.

Dies geht Schritt für Schritt. Ich möchte insbesondere Menschen ermutigen, die hier bereits das Buch beiseitelegen und sagen, 70.000 €, das schaffe ich nie. Und schon gar nicht sowas wie 400.000 €. Zunächst hören sich diese Zahlen utopisch an. Ungefähr so utopisch, wie zum Mond fliegen. Aber auch das haben Menschen bereits bewältigt. Ein Beispiel mit dem Mond bringt mich zu einem wichtigen Thema.

Keine Angst vor Fehlern, eher ein bisschen Respekt. Wir machen bei unseren Investments alle Fehler, mir erscheint es dabei nur zentral, dass wir nicht alles auf eine

Karte setzen sondern in kleinen Schritten vielfältig investieren. Wenn dann mal ein Fehler dabei ist und wir einen Verlust realisieren, dann gilt es nur eins zu tun: Daraus zu lernen. Scham- und Schuldgefühle helfen uns nicht weiter, aber eine saubere Analyse, was man beim nächsten Mal anders und besser machen kann, schon.

Das Wunder des Zinses-Zinses

Wie hoch reicht ein Blatt Papier (DIN A 4), wenn man es 46-mal falten könnte? Bis zum Mond! Unvorstellbar? Wir haben es nachgerechnet, es ist wirklich erstaunlich, wie diese ständige doppelte Erhöhung des Faltens funktioniert. Praktisch ausprobiert, scheitert man übrigens je nach Geschicklichkeit ungefähr beim sechsten Faltknick. Von daher kein wirklich praktikabler Weg zum Mond. Aber ein sehr eindrückliches Bild, wie der Zinseszins funktioniert. Und wie unser Gehirn nicht in der Lage ist, diese Steigerungsraten zu verarbeiten. Auch Albert Einstein wusste um dieses Phänomen. Auf die Frage nach der stärksten Kraft im Universum antwortete er spontan: „Das ist der Zinseszins."

Im Augenblick durchleben wir eine Niedrigzinsphase. Wenn wir in die Geschichte schauen, dann war dies auch schon anders. Zinsen für Bundesschatzbrief oder sonstige Sparbriefe haben vor 20 Jahren durchaus 5% Zinsen oder mehr gebracht. Je nach Anbieter und Laufzeit. Davon können wir heute nur träumen. Ob wir in der Zukunft wieder Phasen sehen werden, in denen höhere Zinsen gezahlt werden, wissen wir nicht. Wie bei allen Entwicklungen von Geldanlagen und überhaupt im Leben gilt: Wir können zwar aus der Vergangenheit lernen, wir können aber keine Vorhersagen für die Zukunft treffen. Aber wir können uns auf Chancen einlassen und versuchen Risiken so zu begrenzen, dass wir nachts noch schlafen können.

Für den Aufbau eines Grundeinkommens ist die Nutzung des Zinses und seines Wachstums durch den Zinseszins zentral. Schauen wir mal an einem Beispiel, wie die unterschiedlichen Geldanlagen verschiedene Auswirkungen auf den Aufbau von Vermögen haben: Nehmen wir Lena, sie ist 28 Jahre alt, hat nach dem Studium bereits drei Jahre gearbeitet und dabei einen sparsamen Lebensstandard aus dem Studium beibehalten. So konnte sie monatlich etwa 1.000 € sparen, was ihr jetzt bereits ein kleines Vermögen von 33.000 € beschert. Sie braucht dieses Geld vorerst nicht, sondern plant weiterhin zu sparen, wenn auch nur noch 500 € im Monat. Mit 40 würde sie gerne ein Grundeinkommen von 1.000 € im Monat realisieren. Zumindest ist dies ein kleiner Traum von ihr. Fangen wir mit den 33.000 € an. Lässt sie dieses auf dem Tagesgeldkonto mit 0,25% liegen, dann hat sie in 12 Jahren zu ihrem vierzigsten Geburtstag 34.000 €. Hat sie Glück und die Zinsen steigen in den nächsten Jahren, wird es vielleicht ein bisschen mehr. Rechnen wir mit einem Durchschnittszins von 0,5%, hat sie immerhin 35.000 €. Investiert Lena ihr Geld, weiß sie im Vorfeld nicht, wieviel Rendite oder Zins möglich sind. Grundsätzlich gilt der Leitsatz, je größer das Risiko um so höher der (mögliche) Gewinn. Rechnen wir mit 4 % Rendite, dann hat Lena mit 40: 53.300 €. Bei 6% (der Durchschnittsrendite des weltweiten Aktienmarktes seit 100 Jahren) sind es sogar knapp 68.000 € - also einer guten Verdoppelung ihres Startkapitals. Hat sie weiterhin ihre Sparrate auch in Aktien angelegt und damit auch 6 % Durchschnittsrendite erzielt, dann liegt das Vermögen aus dem angesparten Geld bei immerhin 105.000 €. Macht ein Gesamtvermögen zum 40sten von 173.000 €. Lena hat sich nun 12 Jahre immer wieder mit Aktien beschäftigt. Sie weiß, was sie da tut. Sie hat Fehler gemacht und sie hat aus diesen Fehlern gelernt. Sie traut sich zu, auch weiterhin 6 % aus ihrem Vermögen „rauszuholen". Und damit ist sie ihrem Grundeinkommen schon sehr nah, 6% von ihren 173.000 € sind immerhin 10.380 €, was monatlich immerhin 865 € sind.

Mit einer sicheren Geldanlage auf dem Tagesgeldkonto hätte Lena dieses Ziel nicht erreichen können. Selbst mit Investments in Aktien ist es nicht sicher, dass es klappt. Dass es genau in diesen 12 Jahren zu einem massiven Crash an der Börse kommt und Lena noch bis 50 ohne Grundeinkommen klarkommen muss, damit sich die Börse wieder erholen kann. Ja, das wäre blöd. Aber trotzdem zu verkraften.

Natürlich gibt es auch andere Wege Geld zu investieren. Sehr beliebt sind Immobilien. Immobilien haben zwei Vorteile. Durch den meist aufgenommenen Kredit wird ein Hebel eingesetzt. Dies würde man bei Aktien niemandem raten, die Sicherheit einer Firma erscheint nicht so groß, wie die Sicherheit einer Immobilie. Bei letzterer geht eine Bank davon aus, dass man bestimmte Mieteinnahmen erzielen wird und dass die Immobilie als solche mindestens im Wert bestehen bleibt. Günstigstenfalls ist der Zins für den Kredit niedriger als die Mieteinnahmen. Meist schafft man es, dass die Mieter monatlich den Zins und die Tilgung des Kredites übernehmen. Je nachdem, wie viel man tilgen kann, ist der Kredit früher oder später abbezahlt. Im Beispiel von Lena könnte das wie folgt ausgesehen haben. Mit 28 kauft sie mit ihren 33.000 € eine vermietete Eigentumswohnung. Der Gesamtpreis mit Kaufnebenkosten liegt bei 180.000 €. Sie muss also 147.000 € finanzieren. Dies macht sie mit einem Kredit, der ihr für 1,8% Zinsen angeboten wird. Die aktuellen Mieteinnahmen liegen netto bei monatlich 700 €. Sie plant eine Tilgung von 5,2%, mit den 1,8% Zinsen macht dies eine monatliche Zahlung an die Bank von 858 €. Anfangs bestreitet sie die gut 158 € Zusatzzahlung aus ihrem Einkommen, später kann sie durch Mieterhöhungen die Gesamtkosten durch die Mieter tragen lassen. Da sie die restlichen 500 bis 800 € aus ihrem Gehalt zu Sondertilgungen genutzt hat, ist die Immobilie mit 40 schuldenfrei. Durch Mieterhöhungen kommt sie auch hier auf ein jährliches Einkommen von 12.000 €, ihr Grundeinkommen ist also auch über den Immobilienweg machbar.

Mit Risiken und Chancen umgehen

Menschen, die sich ein Grundeinkommen oder ein Vermögen aufgebaut haben, haben ihre Chancen genutzt. Menschen, die von einem solchen Betrag träumen, haben die Risiken gescheut. Dummerweise gibt es auch Menschen, die Risiken eingegangen und gescheitert sind. Aber niemand konnte Chancen realisieren, ohne aktiv zu sein und damit ins Risiko zu gehen. Dieses Dilemma lässt Menschen häufiger das Risiko sehen als die Chancen.

Nun brauchen wir den Zinseszinseffekt, um ein ausreichendes Vermögen zu schaffen, um uns von diesem ein Grundeinkommen zahlen können. Und die Auszahlung des Grundeinkommens ist letztlich auch der Zins auf das angesparte Kapital. Es macht also Sinn, sich über die verschiedenen Formen von Geldanlagen Gedanken zu machen, um dann die Chancen und Risiken für sich selbst gut einschätzen zu können. Dazu braucht es Geldbildung. Eigenständige Geldbildung.

Die eigene Geldbildung

Leider haben die Banken in den letzten Jahren sich meist mit keiner seriösen Beratung hervorgetan. Wenn Susanne oder Lena zur Bank gegangen wären, hätten sie mit Sicherheit einen oder mehrere Fonds verkauft bekommen. Alle mit einem Ausgabeaufschlag von 5% -

dann wären schon mal einige Tausend Euro weg. Einfach so. Je nachdem, wie der Fond gestrickt ist, fallen jährlich etwa 1 bis 3% Gebühren an – egal wie gut sich der Fond entwickelt. Kein wirklich gutes Anlageprodukt für Susanne und Lena, wohl aber für die Bank.

Dann gibt es natürlich noch freie Geldanlageberater. Bieten diese ihre Beratung kostenlos an, ist Vorsicht geboten. Ich gehe auch nicht zum Friseur, der dies kostenlos macht. So also auch nicht zur Finanzberaterin. Denn die Dame muss ja schließlich auch von was leben. Und Du kannst sicher sein, sie macht die Beratung nicht, weil sie ein guter Mensch ist. Auch wenn sie Dir dies vermutlich versucht, zu suggerieren. Sie verdient an Abschluss- und Folgeprovisionen. Ob sie Dir tatsächlich das Anlageprodukt verkauft, was für Dich am besten ist oder wo die Provisionen für sie am schönsten sind, das hängt von der Qualität der Person ab.

Eine Lösung sind Honorarberater. Diese bezahlst Du für ihre Leistung, dafür bieten sie Dir provisionsfreie Produkte an. Was ist schon eine Rechnung von 300 €, die Du offen bezahlen musst, gegen eine etwas versteckte – in den Verträgen findest Du sie schon - Abschlussprovision von 1.000 €?

Außerdem bietet mittlerweile das Internet eine breite Palette von Geldbildung. Es gibt viele Blogger, die aus ihren Erfahrungen berichten, Menschen, die finanziell frei sind oder dies werden wollen, berichten über ihre Erfahrungen und vieles mehr. Dabei sollst Du auf keinen Fall jeden Tipp, den X oder Y veröffentlicht, gleich umsetzen. Und wenn was interessant erscheint, dann lohnt es sich möglicherweise erstmal mit einer kleinen Summe anzufangen. Um Fehler auch nur mit wenig Geld zu machen. So wie wir ja auch nicht ein neues Rezept gleich bei einer großen Gesellschaft ausprobieren, sondern das Probeessen vielleicht erstmal nur mit unserem Liebsten oder ganz allein zelebrieren. Da ist es dann doch viel gefahrloser, einfach mal zuzugeben, dass die Speise nicht lecker ist. Geldbildung funktioniert in meinen Augen auch langsam und Schritt für Schritt. Hat eine Form der Geldanlage im Kleinen gut funktioniert, kann ich vielleicht etwas mehr Geld reingeben. Oder ich habe im Rahmen der Recherche neue Dingen entdeckt, an die ich mich jetzt traue.

Gerade der Handel und die Wertsteigerung an der Börse – und da werden Aktien, ETFs und aktive Fonds – gehandelt, funktioniert gut, wenn man Zeit hat. Für den Aufbau des Grundeinkommens hast Du an sich Zeit. Entsprechend ist die Börse auch nicht geeignet für Deine Sicherheitsrücklage und auch nur beschränkt für Deine Jahres-Reserve. Beides brauchst Du vielleicht sofort. Dann ist es nicht gut, wenn die Börse sich gerade in einem Tief befindet und Du hohe Verluste realisieren musst, um Deine laufenden Kosten zu bezahlen. Auf der anderen Seite macht natürlich ein großer Batzen auf dem Tagesgeldkonto mit etwa 0,25% Zinsen auch keinen Spaß. Mit diesem kleinen Dilemma ist auch schon das große Problem des Geldinvestments umrissen. Man kann es immer falsch machen. Auch wenn man nichts macht. Und man weiß vorher nicht, ob es falsch oder richtig war. Die Wahrscheinlichkeit, immer nur Fehler zu machen, ist allerdings gering. Zumindest, wenn man aus den eigenen Fehlern lernt. Es ist das erste Mal ein Abwägen zwischen Chance und Risiko.

Vincent berichtet von einigen Fehlern, aus denen er gelernt hat und die ihn nicht von seinem Weg abgebracht haben: *Ich habe einige finanzielle Fehler gemacht und durchlebt. Ich habe mir früher auch Finanzprodukte andrehen lassen, die sich nicht unbedingt als vorteilhaft herausgestellt haben. Eine ganze Branche lebt davon dem unwissenden Volk wissentlich suboptimale Produkte anzudrehen. Ich hatte auch das „Vergnügen" mit den Herren Bankverkäufern und Versicherungsfuzzis. Darüber hinaus habe ich auch eigene fatale Entscheidungen getroffen und beispielsweise ca. 200.000€ in verschiedenen geschlossenen Beteiligungen versenkt!*

Von meinem Weg abgebracht hat mich bisher nichts davon – aber der Weg ist dadurch natürlich länger und unbequemer geworden!

Das Vermögen wächst

Hast Du etwa ein Jahresbudget gespart, kann es mit dem richtigen Vermögensaufbau losgehen. Jetzt spielt Dir die Zeit so richtig in die Hände. Das Ziel ist klar, Du willst ein Grundeinkommen. Vielleicht hast Du auch grobe Vorstellungen, bis wann Du es erreicht haben willst. Sollte dies aber etwas früher eintreten, um so besser und sollte es aber ein paar Jahre länger dauern, dann ist dies auch nicht so schlimm. Schlimmstenfalls musst Du ohne Grundeinkommen bis zur Rente arbeiten, hast dann aber eine gute Rente, weil Du dann auch noch das Ersparte nutzen kannst. Natürlich ist das nicht Dein eigentliches Ziel. Und ich wünsche Dir auch von Herzen, dass Dein Ziel schneller erreicht wird. Aber – wie bei allen langfristigen Lebenszielen: Wir können nicht in die Zukunft schauen und das Leben verhält sich nicht immer linear und planbar. Es kann zu positiven Veränderungen kommen, zu negativen oder einfach zu Anderen. Die weder gut noch schlecht sind, die uns aber erstmal von unserem eigenen Weg abbringen oder aus dem gradlinigen geplanten Weg, einen Weg mit Kurven machen. Kurven, bei denen wir heute nicht um die Ecke schauen konnten. Dennoch können wir heute schon planen, damit wir mit einer größeren Wahrscheinlichkeit unser Wunschziel hinter der Kurve oder den Kurven vorfinden.

Bei unserem Aufbau von Vermögen kann es zu Rückschlägen kommen, weil wir ein falsches Investment getätigt haben, ausgerechnet jetzt die Börse einen Rücksetzer erlebt oder wir bei Immobilien größere Reparaturen vornehmen müssen. Dabei kann es immer mal zu Rücksetzern kommen, die einen treffen uns heftiger, die anderen weniger heftig. In jedem Fall können wir ein gewisses Risiko gut eingehen. Das Geld, was an dieser Stelle angespart und investiert wird, wird nicht für das aktuelle Leben benötigt. Dafür haben wir bereits einen Puffer. Wir können also jeden Tag unser Brot finanzieren, wir können jeden Tag unsere Miete bezahlen usw. Krisen können wir gut aussitzen. Die maximale Enttäuschung, die wir im Falle einer Krise verdauen müssten, wäre die einer zeitlichen Verzögerung.

Umso wichtiger ist es, möglichst früh im Leben mit dem Aufbau von Vermögen zu beginnen. Auch wenn am Anfang noch nicht viel da ist. Aber aus jedem Euro, den wir frühzeitig zurücklegen, wird einfach viel mehr Geld. Starten wir mit 21 und sparen jeden Monat 10 Euro, dann haben wir mit 50 bereits knapp 10.000 € gespart, wovon übrigens mehr als die Hälfte Zinsen sind. Die wesentlichste Chance baut sich in meinen Augen auf, wenn man vom Studium oder der Ausbildung in den Beruf wechselt. Wer es hier schafft, seinen Ausbildungsstandard im Leben weitestgehend beizubehalten, der kann richtig viel Geld sparen.

Dennoch sollten auch ältere Menschen hier nicht gleich die Flinte ins Korn werfen. Ich habe es oft mit Menschen zwischen 40 und 50 zu tun, die sich natürlich sehr ärgern, dass sie jetzt erst anfangen, an einen Vermögensaufbau zu denken. Ja und es wäre unrealistisch, eine Grundsicherung innerhalb von 5 Jahren durch Investieren von normalen Beträgen zu versprechen. Das wird nicht hinhauen. Aber dennoch kann auch im Alter von 50 Jahren noch ein kleines Vermögen aufgebaut werden. In der Regel sind die Kinder aus dem Haus und stehen hoffentlich nach der Ausbildung auf eigenen Füssen. Es bleibt Geld übrig und ganz wichtig, auch Zeit. Beides lässt sich nutzen.

Mit Geld lässt sich die Sparrate erhöhen. Wenn vorher an den Sozius 800 € für das Studium überwiesen wurde, kann dieser Betrag jetzt investiert werden. Dazu kommt Zeit, die vorher mit den Kindern verbracht wurde und mit der sich jetzt noch gut ein 450 € Job machen lässt. Somit können monatlich 1.250 € gespart werden. Es bleiben noch 17 Jahre bis zur Rente, ich lasse hier mal einen Puffer von zwei Jahren am Ende, rechne also mit 15 Jahren.

Für solche Rechnungen gehe ich übrigens gerne auf die Seite Zinsen-berechnen.de, die solche Zahlen mit Leichtigkeit hochrechnet. Herauskommt in diesem Beispiel 306.000 €. Eine saubere Rentenaufstockung. Ich habe in diesem Fall mit 4% Rendite gerechnet. Selbst eine Grundsicherung wäre Anfang der 60er Jahre denkbar, dann wäre ein Vermögen von etwa 200.000 € angespart, mit der sich die Zeit bis zur eigentlichen Rente gut überbrücken ließe. Vorausgesetzt, dass man die Renteneinbussen bei der gesetzlichen Rente aus den letzten, dann beitragsfreien Jahren, verkraften kann.

Das Verhältnis von Rein und Raus

Im letzten Kapital habe ich beschrieben, wie sich Vermögen aufbaut. Ich habe den langfristigen Weg zu einem eigenen Grundeinkommen beschrieben. Wenn er Dich ein bisschen ratlos zurückgelassen hat, weil Du froh bist, einfach so über die Runden zu kommen, dann werden Dir die weiteren Kapitel helfen, Veränderungen in Deinem Leben einzuführen, um das Ziel des Grundeinkommens zu erreichen.

Im Wesentlichen entsteht Vermögen durch das Verhältnis von Rein und Raus. Wenn mehr Rein kommt als Raus geht, dann baut sich ein positives Momentum auf. Umgekehrt logischerweise nicht. Um dafür eine Sensibilität zu entwickeln, empfehle ich Dir ein großes DIN A 3 Blatt gut sichtbar aufzuhängen. Auf der horizontalen Achse trägst Du die kommenden Monate ein, auf der vertikalen Achse steht eine Geldspanne, die für Dich gerade relevant ist. Also beispielsweise von 500 ganz unten bis 5.000 ganz oben. Am Ende eines Monats markierst Du mit einem roten Kreuz Deine Ausgaben, mit einem grünen Kreuz Deine Einnahmen und mit einem blauen Kreuz die Höhe Deiner neu getätigten Investments. Im Laufe der Zeit kannst Du die Kreuze der jeweiligen Farbe mit einer Linie verbinden. Ich habe bereits viele Menschen erlebt, für die es unglaublich motivierend war, zu erleben, wie zunächst fast gleiche Linien sich langsam auseinander bewegen. Die grüne Linie sich nach oben von der roten Linie absetzt. Und die blaue Linie immer höher steigt.

Bleiben wir zunächst bei den ersten beiden Linien, der roten für die Ausgaben und der grünen für die Einkünfte. Hier liegen ein Schlüssel und nebenbei ein großes Missverständnis. Der Schlüssel liegt auf der Hand. Wer viel einnimmt und wenig ausgibt, bei dem bleibt zwangsläufig Geld übrig. Vermögen baut sich auf. Wer dieses Geld dann auch noch sinnvoll investiert, der profitiert vom Zinses-Zins. Er wird mit der Zeit immer reicher. Je mehr der Zinses-Zins greift, desto schneller geht es.

Das Missverständnis? Überlege Dir kurz mal, an was Du einen reichen Menschen erkennst. Schreibe gerne mal fünf Punkte auf ein Blatt Papier.

Steht dort Fahrrad, Reihenhaus, Kleidung von der Stange, Urlaub bei Freunden, günstige Bahntickets usw.? Eher nicht. Als ich mich auf die Suche gemacht habe, um Menschen zu finden, die finanziell frei sind, habe ich u.a. Millionäre kennengelernt, die ich genau mit diesen Merkmalen oben hätte identifizieren müssen. Die ich also nicht identifizieren konnte. Reiche Menschen legen viel weniger Wert auf Status als wir denken. Außerdem berichten sie unisono, dass sie zunächst sehr sparsam waren. Luxus hat sich, wenn überhaupt erst in Maßen eingestellt, nachdem ein gewisser Reichtum aufgebaut war.

Viele Menschen, die reich werden wollen, starten dies genau andersrum. Sie decken sich zunächst mit den vermeintlichen Statussymbolen der Reichen ein und verschulden sich dadurch. Damit hoffen sie auch selbst mal reich zu werden. Der Weg kann nicht funktionieren. Denn Geld wird immer gleich ausgegeben und nicht investiert. Es kann nicht wachsen, im schlimmsten Fall produzieren Ausgaben wie beispielsweise ein teures Auto oder ein großes Haus noch weitere Folgekosten. Selbst Menschen, die plötzlich zu Reichtum kommen, wie Erben oder Lottogewinner, schaffen es auf diesem Weg sehr professionell, schnell wieder alles Geld auszugeben. Wirklich reiche Menschen leben zumindest zu einem Teil bescheiden und zeigen ihren Reichtum eher nicht. Deshalb werden wir sie nicht erkennen und es ist schwer, sich an ihnen zu orientieren. Vielleicht erscheint es uns auch gar nicht erstrebenswert, so ein Leben zu leben.

In diesem Buch geht es auch nicht um maximalen Reichtum. Es geht um ein Basiseinkommen. Hier ist die Motivation hoffentlich nicht, irgendwann einen Ferrari zu fahren und in einem 10 Zimmer Haus zu wohnen. Sondern ein gewisses Maß an Sicherheit und Freiheit zu erreichen. Die Sicherheit, dass man keine Existenzangst haben muss. Und die Freiheit, über die eigene Zeit und die Art der Arbeit die man machen will, autonomer zu entscheiden. Es wird unterschiedlich sein, wie viel Geld zur maximalen Selbstbestimmung beitragen kann. Aber dieses Ziel strebt die Grundsicherung an. Ich erlebe übrigens auch immer wieder das andere Extrem. Menschen, die sich so gar nicht vorstellen könnten, Statussymbole zur Schau zu tragen, im Gegenteil, die sich auch nicht vorstellen können, reich zu werden. Forsche ich hier genauer nach, gibt es ziemlich negative Bilder von reichen Menschen. Sie sind protzig, gierig, egoistisch sowieso und im Zweifel gehen sie über Leichen, nur um reicher zu werden. Wer glaubt, Geld ist Böse und reiche Menschen sowieso, der wird es schwer haben, selbst reich zu werden. Denn er arbeitet regelmäßig gegen seinen eigenen Glauben und seine eigenen Überzeugungen. Wenn Dir diese Gedanken vertraut vorkommen, dann schaue Dich erstmal nach reichen Menschen um, die Du als Vorbilder gelten lassen könntest. Einfach um in Deinen Gedanken freier zu werden und um Dir und Deinem Unterbewusstsein zu erlauben, eine Grundsicherung und damit verbunden ein gewisses Vermögen aufbauen zu dürfen. Denn ich bin sicher, wenn Du reich sein mit der Freiheit Dein Leben leben zu dürfen, verknüpfen kannst, dann wird Dein Ziel gleich viel attraktiver.

Zurück zu den Linien, die Dir in der Zukunft als Orientierung dienen sollen. Um Freiheit über Deine Arbeitswahl zu erreichen, ist es auf dem Weg wichtig, dass die rote Linie der Ausgaben immer weiter sinkt, die grüne Linie der Einnahmen möglichst regelmäßig oder in Stufen ansteigt und die blaue Linie der Investments stetig ansteigt. Alle drei Punkte werden wir uns in den folgenden Kapiteln anschauen.

Die Reduzierung der Ausgaben

Konsum reduzieren

Schauen wir uns unseren Konsumstil einmal kritisch an. Wir sind ziemlich intensiv damit beschäftigt, unser aufwendig verdientes Geld wieder auszugeben. Und dabei sind wir richtig gut. Der Ökonom Robert Skidelsky und sein Sohn Edward haben unseren wahnsinnigen Konsum in dem Buch „Wie viel ist genug? Vom Wachstumswahn zu einer Ökonomie des guten Lebens" untersucht. Unsere Welt - oder genauer gesagt, wir als Menschen - sind unersättlich geworden. Unser Wirtschaftsprinzip ist in ihren Augen ein Pakt mit dem Teufel. Ursprünglich mit der guten Absicht errichtet, die Menschheit zu ernähren und mit Gütern zu versorgen, schießt unsere Wirtschaft weit über das eigentliche Ziel, der Menschheit ein gutes Leben zu ermöglichen, hinaus. Wir kaufen Dinge, die wir nicht benötigen. Wir bekommen Dinge, die planmäßig kaputtgehen. Damit wir dann noch mehr kaufen. Wir sind so verfangen in diesen Konsumkreislauf, dass wir gar nicht mehr erkennen, wie sehr wir in ihm verhaftet sind. Wir haben es uns ja schließlich auch verdient. Immerhin verdienen wir mit harter Arbeit Geld, und das soll nun auch mal belohnt werden. Damit dieses System funktioniert, brauchen wir viel Werbung und große Marketingbudgets. Uns muss immer wieder vermittelt werden, warum wir schon wieder ein neues Gerät brauchen, warum wir

Kleidung kaufen, obwohl unser Kleiderschrank bis oben hin voll ist und warum wir einen Neuwagen kaufen sollen, obwohl es ein Gebrauchtwagen auch tun würde.

Die Kehrseite: Viele unnötige Produkte und Berge von Müll. Dabei verbrauchen wir Rohstoffe, die nur endlich sind und produzieren hochgiftige Müllberge. Mit Plastik und anderen Schadstoffen verseuchen wir die Weltmeere und die Luft. Kritischer Konsumverzicht trägt also nicht nur zum eigenen guten Leben bei, sondern ist nebenher auch noch ein Beitrag für die gesamte Welt.

Robert und Emma leben ein sehr sparsames Leben, obwohl sie inzwischen vermögend sind. Ihr Umfeld kann das nicht verstehen, ihnen ist dies aber auch ein bisschen egal: *Viele Menschen können nicht wirklich verstehen, wieso wir nicht die neusten Markenklamotten kaufen und wieso wir immer die günstigsten Sachen besitzen, obwohl sie doch mitbekommen haben, dass wir Geld haben. Einige Freunde oder sogar Familienmitglieder halten uns für verrückt, weil wir kein Auto haben, oder weil wir uns im Restaurant eine Hauptspeise teilen. Das Auto brauchen wir nicht, eine ganze Portion schaffen wir schlicht alleine nicht. Sie können uns nicht in eine Schublade stecken. Wir sind für viele einfach komisch und wir tun uns entsprechend schwer, unsere Form von „Minimalismus-Light" als Lebensstil zu erklären. Dabei besitzen wir noch viel zu viel Kram, was wir überhaupt nicht brauchen, und wir geben immer noch einiges an Geld aus für Sachen, die uns nicht wirklich glücklicher machen. Natürlich könnten wir viel „luxuriöser" leben, aber wozu denn? Unser derzeitiges Leben ist für uns der Luxus pur. Wir haben viel Zeit und viel Freiraum. Abgesehen davon, dass wir quasi Vollzeit-Eltern sind. Wir haben einfach kein Bedürfnis nach Luxusautos oder einem Haus. Eigentlich könnten wir noch viel mehr Geld ausgeben, ohne dass wir arbeiten müssten, aber das tun wir einfach nicht. Wir haben nicht das Gefühl, auf irgendetwas zu verzichten. Wenn wir etwas wollen oder brauchen, kaufen wir es einfach. Aber bei uns kommt das eben ziemlich selten vor. Manchmal müssen wir mehr Geld ausgeben als wir eigentlich wollen. Neulich war ich in Schottland auf einem Junggesellenabschied. Das ging über ein ganzes Wochenende und war ganz schön teuer, weil die anderen Gäste es eben gewöhnt sind, teuer essen zu gehen und anschließend Cocktails in schicken Bars zu trinken. Ich habe das mitgemacht, weil es für mich die Ausnahme war und das Wochenende sehr viel Spaß gemacht hat. Es war es mir Wert, das Geld auszugeben damit ich dabei sein konnte, aber sowas mache ich sicherlich nicht jedes Wochenende.*

Brandon erlebt sein Leben mit Jill als ein sehr angenehmes, mit einer Mietwohnung im Zentrum von Edinburgh und drei Monaten Reisen pro Jahr. Trotzdem schätzt er das gemeinsame Leben als recht sparsam ein: *Ich schätze, wir leben schon sehr sparsam, auch wenn ich immer das Gefühl habe, dass wir uns alles kaufen, was wir benötigen. Wir haben bloß alles ziemlich optimiert und geben unser Geld sehr entspannt aus. Im Durchschnitt benötigen wir pro Jahr zusammen etwa 30 bis 40.000 US-Dollar. Obwohl wir ein Vielfaches davon verdienen. Ich erlebe uns dabei nicht besonders sparsam, aber im Vergleich zu vielen anderen Paaren ist es dies wahrscheinlich schon. Zumal in diesem Budget die Mietkosten für eine Wohnung im Zentrum von Edinburgh enthalten ist und wir etwa drei Monate im Jahr reisen. Ja, ich schätze, in der Summe sind wir insgesamt schon sparsam. Manchmal werde ich gefragt, ob ich nicht noch mehr arbeiten wolle, weil es mit mehr Geld noch viel besser würde. Ich kann dieses Ansinnen nicht verstehen. Ich finde, wir leben jetzt schon ein super Leben und alles was da noch dazukommen könnte, würde unseren Lebensgenuss nicht wirklich steigern. Das würde für uns überhaupt keinen Sinn machen. Ich bin eher erstaunt, dass nicht viel mehr Menschen aus dem normalen Arbeitstrott aussteigen. Wenn ich sehe, welche Konsumentscheidungen Freunde treffen, die sich damit immer mehr in die Zwangssituation der Arbeit bringen, dann kann ich es manchmal nicht fassen. Es gäbe einen so viel entspannteren Weg. Nein, ich bin mir sicher, dass dieser Weg für Jill und mich genau der richtige ist.*

Kauf Dir einfach Zeit!

In keinem Werbeblättchen, in keiner TV Werbung, nirgendwo in einem Marketingplan wird Zeit als erstrebenswertes Gut angepriesen. Obwohl man sie sich kaufen kann. Zeit kaufen? Wie soll das gehen? Nun, das ist eigentlich einfach. Menschen mit einem Grundeinkommen kaufen sich nichts Anderes. Sie kaufen sich freie

Zeit. Statt ihr Geld für ein neues Auto, einen neuen Fernseher oder eine teure Haushypothek auszugeben, legen sie es an. Aus den Kapitalerträgen können sie sich einen Teil ihrer Zeit zurückkaufen. Sie müssen eben nicht mehr ihre ganze Lebenszeit verkaufen, um Geld zu verdienen. Wenn das Geld bereits zum Teil da ist, kann die Zeit frei verwendet werden. Es kann sich eben genauer überlegt werden, für was man seine Zeit ausgeben will. Für welche Tätigkeiten und für welche eben nicht. Ich finde dieses Bild ausgesprochen hilfreich. Bei vielen Konsumentscheidungen überlege ich für mich: Brauche ich das jetzt oder investiere ich das eingesparte Geld. Für den Luxus, in der Zukunft Zeit zu haben. Oder als Selbständige mehr Sicherheit und weniger Druck zu haben. Wenn ein Kunde wegfällt, ist dies nicht schlimm. Ich gewinne Zeit und ich brauche mir keine Sorgen zu machen, dass das Geld nicht reicht. Als Angestellte könnte es der Luxus sein, nur noch drei Tage in der Woche zu arbeiten. Ist das nicht echter Luxus? Viel wertvoller, als irgendein Auto, tolle Klamotten oder teure Reisen?

Melanie fasst die Vorzüge eines Lebens ohne den Zwang zur Arbeit auch entsprechend knapp zusammen: *Mit Geld kaufst du dir Zeit, in der du nicht arbeiten brauchst. Wenn du genug Geld hast, um bis zu deinem Lebensende nicht mehr arbeiten zu müssen, bist du reich. Welche Summe das letzten Endes ist, ist mir dann auch egal. Zudem habe ich mir über die Jahre das sparsame Leben angeeignet. Nun macht es mir nichts mehr aus, sparsam zu leben. Nun kommt auch noch dazu, dass ich Verschwendung und unnötigen Konsum nicht erstrebenswert finde. Die Vorteile, die ihr heutiges Leben hat, werden mir spontan und mit einem fröhlichen Lachen genannt: Ausschlafen und frei sein. Keiner, der mir sagt, wann ich meinen Urlaub zu nehmen habe. So viel wie ich in den letzten 2 Jahren gelesen habe, hatte ich in den letzten 5 Jahren nicht. So oft wie ich in den letzten 2 Jahren gesagt habe: „Ist das Leben nicht schön" habe ich in meinem 40 Lebensjahren noch nicht gesagt.*

Alex findet in der Zeit seine Form von Luxus wieder: *Reichtum und Luxus definiert jeder anders. Für mich ist es zum Beispiel Luxus, seit meinem 37. Lebensjahr nicht mehr im aktiven Hamsterrad zu stecken. Andere definieren Luxus mit materiellen Dingen. Das interessiert uns nicht. Dafür müssten wir in der Tat vielleicht doch wieder aktiv arbeiten gehen und uns noch mehr anstrengen. Aber um was zu erreichen?*

Für uns ist daher Reichtum etwas, was man nicht sehen oder anfassen kann. Es ist die Zeit die wir bekommen, um Dinge tun zu können, zu denen wir Lust haben. Je früher wir diesen Zeitpunkt erreichen, desto eher sind wir reich.

Wann immer es Dir also schwer fällt, zu sparen – male Dir Dein Leben mit einem Basiseinkommen aus. Ein Leben, in welchem Du Nein sagen kannst und trotzdem Deine Miete bezahlt werden kann. Ich finde, dass ist genug Motivation, heute und jetzt bei bestimmten Konsumentscheidungen mutig Nein zu sagen.

Runter mit den Lebenshaltungskosten

Der Weg zur Grundsicherung geht am schnellsten, wenn man gleich nach dem Studium oder der Ausbildung damit anfängt. Die Lebenshaltungskosten sind zu diesem Zeitpunkt noch relativ gering. Behält man diese Kosten bei und spart den Rest des Gehalts kommt man automatisch auf hohe Sparraten. Ohne große Einbußen kann man das eigene Budget gleich in einem großen Schritt zugunsten des Aufbaus eines Grundeinkommens erhöhen.

Nun werden nicht alle Menschen, die dieses Buch lesen, gerade mit ihrem Studium fertig sein. Sondern sich schon munter in ihrem Leben eingerichtet haben. Da höre ich dann nur allzu oft, dass es gar nicht möglich ist, Geld zu sparen. Oder der Betrag ist sehr gering, dass maximal die Altersvorsorge ein bisschen aufgestockt werden kann, ein Grundeinkommen vor der Rente aber völlig unrealistisch ist. Wer sich ein Grundeinkommen aufbauen will, der bezahlt dafür einen Preis! Und der bedeutet eben nicht nur, von Zeit zu Zeit mal auf ein Abendessen beim Italiener zu verzichten. Auf die damit verbundenen Veränderungen von Gewohnheiten komme ich im nächsten Kapitel zu sprechen. Hier möchte ich auf die teuren laufenden Kosten im Leben eingehen. Verbunden mit Lebensstilentscheidungen, die sehr unterschiedlich ausfallen können. Denn hier kann man wirklich was drehen. Allerdings sind die dazu notwendigen Entscheidungen oft radikal und sicherlich manchmal schmerzhaft.

Wohnen

Ob ich meine Miete an einen Vermieter zahle oder an eine Bank bei einem Kredit für eine Eigentumswohnung sei hier außen vor. Für viele Menschen ist dies der größte Kostenpunkt, der Monat für Monat vom Konto abgeht. Und es macht natürlich einen Unterschied, ob man für eine Wohnung 300 oder 1.200 € bezahlt. In diesem Feld bewegen sich die Mieten meiner Freunde und Bekannten ungefähr. Für eine Einzelperson. Logisch, dass sich die Möglichkeiten zum Sparen alleine mit der Wohnentscheidung maßgeblich verändern. Natürlich ist dies ein großer, vielleicht sogar ein riesengroßer Schritt. Wenn man denn gleich in eine kleinere Wohnung umziehen will. Denkbar ist auch, aus einer größeren Wohnung eine Wohngemeinschaft zu machen und Zimmer unter zu vermieten. Vielleicht am Start nur für Menschen, die tageweise das Zimmer brauchen, weil sie dort arbeiten. Oder man vermietet seine Wohnung komplett, wenn man selber in Urlaub ist. Das kann die Urlaubskasse gleich ordentlich aufbessern. Oder, oder, oder.

Wer viel Geld zurücklegen will, der wird diesen elementaren Kostenpunkt hinterfragen. Und bei vielen Menschen, die sich gar nicht vorstellen können, mal ihren Job zu schmeißen, ist die Miete oder die Hypothek das ausschlaggebende Argument. Ich habe eine teure Miete, da kann ich halt nichts machen. Stimmt nicht. Man muss es wollen. Und das tut einfach nicht jeder.

Die Lebenshaltungskosten sind an verschiedenen Orten unterschiedlich hoch. Das ist nichts Neues. Natürlich kann man sich diesen Fakt zu Nutze machen. Die Unterschiede machen sich schon in Deutschland bemerkbar. Ein Leben auf dem Land ist meist deutlich günstiger als in der Stadt. Noch spannender wird es, wenn man sich ins Ausland bewegt. In Thailand, Bulgarien oder auch schon in Portugal braucht man zum Leben weniger Geld. Und es gibt noch deutlich günstigere Länder. Die passende Wahl ist Geschmackssache und hängt sicherlich an viel mehr Faktoren, als nur den Lebenshaltungskosten. Fühlt man sich zu dem Land hingezogen, kommt man mit der Mentalität klar? Wird der Partner oder die Familie mitgehen wollen? Sind Kinder im Spiel, wie wird deren Ausbildung in einem anderen Land aussehen? Kann man sich gut in das Land integrieren oder reicht einem das Leben in einer internationalen Community? Die Fragen sind vielfältig. Dennoch, der Gedankengang lohnt sich besonders für Menschen, die bereits ortsungebunden arbeiten. Dies gilt für viele Menschen, die im Internet ihr Geld verdienen. Selbst mit einem festen Arbeitgeber lassen sich hier Orte verhandeln, die weit weg von der eigentlichen Firma sind. Weil der Arbeitsalltag und die Vernetzung untereinander sowieso digital vonstattengehen.

Gerade für Menschen, die nicht mehr regelmäßig zu ihrem Arbeitgeber fahren, sondern bereits viel Heimarbeit machen, kann allein ein Umzug aufs Land sehr attraktiv sein. Logisch, hier gibt es nicht mehr so viele Kneipen und die Infrastruktur funktioniert auch anders. Aber die Einsparungen sind erheblich. Dies gilt allerdings meist nur, wenn man nicht jeden Tag pendeln muss.

Das Auto

Ein weiterer Kostenpunkt, der meist wenig hinterfragt wird, ist das Auto. Gehört es doch zwangsläufig zum vermeintlichen Lebensstandard hinzu. Selbst ein günstiges Auto kostet im Monat mindestens 250 bis 300 €. Ohne viele Fahrten. Es sind die schleichenden Kosten, die ins Geld gehen. Im Januar die Kfz Versicherung, später der Reifenwechsel, dann muss die Kiste überholt werden und der TÜV kommt auch alle zwei Jahre dran. Ganz zu schweigen von den Anschaffungskosten, die man entweder über Leasingkosten tatsächlich jeden Monat spürt oder die bei der Anschaffung das eigene Liquiditätspolster erheblich geschmälert haben. Selbst ein Kleinwagen kostet, wenn er auf dem Parkplatz steht, mindestens 3.000 € im Jahr. Dabei wurde er noch nicht betankt und gefahren. Er wurde nicht an kostenpflichtigen Stellen abgestellt. Wird ein Fahrzeug tatsächlich genutzt, fallen diese Kosten auch an und man kann locker von 400 € monatlichen Kosten im Minimum ausgehen.

Mittlerweile gibt es gute Alternativen. Mehr in der Stadt, weniger auf dem Land. Es lohnt sich nach Carsharing-Modellen zu schauen, es kann sich auch lohnen auszurechnen, wie man im Alltag mit den Nachbarn ein Auto teilen kann und im Urlaub mit dem Zug oder dem Fahrrad unterwegs ist. Selbst Mietwagen sind günstig, wenn man sie nur ein oder zwei Wochen im Monat braucht. Pendelnde Menschen können schauen, ob es auch Varianten mit öffentlichen Verkehrsmitteln gibt. Auf den ersten Blick erscheinen sie vielleicht unflexibel, auf den zweiten Blick mag es doch gehen. Mit ganz neuen Freiräumen, man wird ja jetzt gefahren.

Teure Urlaube

„Im Urlaub will ich nicht aufs Geld schauen müssen." Das ist so eine Aussage, die ich von vielen Menschen um mich herum höre. Wenn dem so ist, dann wird der Urlaub zwangsläufig zu einem großen Kostenfaktor. Sind dann noch zwei oder drei Urlaube im Jahr geplant, dann können die Ausgaben für diese Urlaube schnell einen großen Kostenfaktor im Gesamtbudget ausmachen. Natürlich gehen auch andere Urlaube. Man kann den Standard senken, man kann sich gezielt Länder aussuchen, die nicht so teuer sind und man kann die Anzahl der Reisen pro Jahr verringern. Auch die Art des Urlaubs kann einen Unterschied machen. Von Hotels mit wenig Sternen bis zum Campingplatz – es gibt viele schöne Wege, einen günstigen Urlaub zu verbringen.

Hobbies

Ein weiterer großer Kostenfaktor für viele Menschen sind Hobbies. Ob dies die Haltung eines Tieres, die Sammlung von Kaffeetassen oder Briefmarken, oder die Ausübung einer Sportart mit viel Zubehör ist – ein Hobby kann ganz schön ins Geld gehen. Wenn Du darüber nachdenkst, Dich für ein Hobby stärker zu begeistern, dann mach Dich schlau, wie teuer der Spaß so werden kann. Und wenn Du bereits ein Hobby hast, dann liste ehrlich auf, wieviel Du monatlich für dieses Hobby ausgibst. Ich will nicht sagen, dass Du es dann beenden sollst. Sondern Dir einfach erstmal nur Transparenz schaffst. Denn gerade bei den Dingen, die wir lieben, schauen wir bei den Kosten nicht so genau hin.

Teure Gewohnheiten

Es lohnt sich den Alltag nach den vielen kleinen Gewohnheiten zu durchforsten. Ist es der Kaffee, der morgens am Bahnhof gekauft wird oder der Mittagssnack, der bei dem leckeren, aber eben teuren Imbiss neben dem Büro eingenommen wird. Für sich machen diese Kosten nicht wirklich viel aus. Es sind ja nur ein paar Euro. Tag für Tag machen sie aber schon einen Unterschied. Sie addieren sich zu erheblichen Summen auf. Bei einem Coffee-to-go sieht die Rechnung beispielsweise so aus: 3 Euro an fünf Arbeitstagen die Woche, das sind schon 15 Euro für Kaffee in der Woche – oder über 60 Euro im Monat. Noch spannender wird es, wenn man diese Kosten nicht nur für einen Monat rechnet, sondern über eine längere Zeit. Wenn man diese Ausgaben nicht tätigen, sondern das Geld stattdessen investieren würde. Bei Oliver Nölting von den Frugalisten bin ich da auf spannende Rechenmodelle gestoßen. Oliver stellt sich die Frage: Wenn man dieses Geld, anstatt es für Kaffee auszugeben, lieber sparen und in ein Investment-Portfolio stecken würde, wie viel mehr Geld hätte man nach 10 Jahren im Vergleich zum täglichen Kaffee-Genießer? Zum Glück muss man dafür gar nicht wild herum rechnen. Es gibt zwei praktische Faustformeln, die als die 752- und die 173-Regel bekannt sind. Diese Regeln funktionieren so: Man multipliziert eine wiederkehrende wöchentliche Ausgabe mit der Zahl 752. So erhält man die Geldmengen, die man nach zehn Jahren hätte, wenn man das Geld stattdessen gespart und angelegt hätte. Eine monatliche wiederkehrende Ausgabe multipliziert man mit der Zahl 173. Die wöchentlich 15 € für den Coffee-to-go summieren sich nach 10 Jahren also zu 15 € × 752 = 11.280 €. Dafür muss selbst ein gutverdienender Kaffeetrinker ein paar Monate seines Lebens arbeiten gehen.

Wie kommen die 752- und die 173-Regel zustande?

Die 752- und die 173-Regel sind natürlich keine exakten Formeln, sondern lediglich Faustregeln, mit denen man grob abschätzen kann, wie viel eine wiederkehrende, regelmäßige Ausgabe über einen Zeitraum von 10 Jahren kostet. Dafür werden ein paar vereinfachende Annahmen getroffen. Im Wesentlichen rechnet man mit einer Rendite von genau 7 Prozent. Das ist in etwa die durchschnittliche Netto-Rendite des amerikanischen Aktienmarktes der letzten hundert Jahre. Nach zehn Jahren beträgt der Wert des Portfolios dann genau das 752-fache (bzw. das 173-fache) der wöchentlichen oder monatlichen Ausgabe. Natürlich liegt die Rendite des Aktienmarktes niemals konstant bei 7 Prozent. Steuern und Transaktionskosten sind nicht berücksichtigt und von daher kann das Ergebnis abweichen. Die beiden Regeln sind nur grobe Abschätzungen, geben aber einen guten ersten Überblick. Du musst Dir einfach nur diese beiden Zahlen merken und kannst zukünftig bei allen wiederkehrenden Ausgaben blitzschnell überschlagen, wie viel Dich Deine Angewohnheiten auf lange Sicht ungefähr kosten.

Die Macht der Gewohnheit

Regelmäßige wöchentliche oder monatliche Ausgaben kommen nicht von Impulskäufen, größeren Anschaffungen oder ungeplanten Ausgaben. Es sind die Produkte und Dienstleistungen, die Du permanent oder regelmäßig in Anspruch nimmst: Deine Wohnungsmiete, TV- und Zeitschriften-Abonnements, Handyverträge, Versicherungen, der morgendliche Kaffee oder das belegte Brötchen beim Bäcker, der Restaurantbesuch jeden Samstagabend. Viele dieser Ausgaben hinterfragst Du vielleicht gar nicht mehr und überlegst auch nicht jedes Mal von neuem, ob Du dafür Geld ausgeben möchtest. Im Gegenteil, sie haben sich eingebürgert und laufen auf Autopilot. Somit sind sie zur Gewohnheit geworden. Das macht diese Ausgaben einerseits gefährlich, weil eine Angewohnheit jeden Monat und jede Woche aufs Neue Geld kosten. Auf der anderen Seite ist dafür auch das Sparpotential enorm. Denn jede noch so kleine Optimierung spart immer wieder erneut den gesparten Betrag ein. Gibst Du in der Woche nur 1 € weniger für irgendetwas aus, hast Du nach 10 Jahren 752 € mehr auf Deinem Konto.

Um das Ganze ein bisschen konkreter zu machen, knöpfen wir uns mal fünf typische Gewohnheits-Ausgaben vor, wie sie bei einem deutschen Durchschnittsbürger vorkommen könnten:

(1.) Täglich werktags einen Coffee to go beim Bäcker
Ausgaben: 3 € pro Kaffee, 15 € pro Woche.
Nach 10 Jahren: 11.280 €
Ganz zu schweigen von dem Müllberg, der der Umwelt erspart bleibt.

(2.) ...dazu ein belegtes Brötchen:
Kosten: 1,50 € pro Stück, 7,50 € pro Woche
Nach 10 Jahren: 5.640 €

(3.) Ein Zeitschriften-Abo:
Kosten: 4,99 € im Monat
Nach 10 Jahren: 863 €

(4.) Der Handyvertrag (Allnet Flatrate mit dem neuesten Smartphone)
Kosten: 44,99 € im Monat
Nach 10 Jahren: 7.783 €

5.) Jeden Samstag im Restaurant Essen gehen
Kosten: 30 € pro Besuch
Nach 10 Jahren: 22.560 €

Gesamtsumme nach 10 Jahren: 48.126 €.

Im Klartext: Diese fünf recht unscheinbaren Gewohnheits-Ausgaben kosten im Zeitraum von zehn Jahren knapp 50.000 €. Behält man diese Angewohnheiten sogar 25 Jahre lang durch, sind es schon gut 200.000€.

Selbstverständlich lassen sich diese Gewohnheiten verändern. Kaffee kann man auch zuhause kochen und in einem Thermobecher mitnehmen. Brötchen lassen sich auch schon in der Küche schmieren. Zeitschriften-Abos kann man zunächst kritisch hinterfragen, ob man die Zeitschrift tatsächlich liest. Wenn dies der Fall ist, kann man dies auch in vielen Cafés oder in einer Bücherei tun. Handyverträge gibt es deutlich billiger, und ob man jeden Samstag Essen gehen muss, kann man einfach hinterfragen. Natürlich kosten alle alternativen Lösungen auch Geld. Meist aber deutlich weniger.

Gewohnheitsmäßige Ausgaben sind ein zweischneidiges Schwert: Sie können Dir das Geld aus der Tasche saugen, und sie können Dich steinreich machen, wenn Du sie richtig gestaltest und nur für das bezahlst, was Du wirklich brauchst. Mache Dir diesen Effekt zunutze. Analysiere, was Deine regelmäßigen Ausgaben sind und schreibe sie einmal auf. Dann überlegst Du Dir für jede Ausgabe: Ist diese für meine Zufriedenheit im Leben wirklich wichtig? Wenn ja, dann versuche diese Ausgabe zu optimieren, also den gleichen Gegenwert mit geringerem Geldeinsatz zu erhalten. Koche Deinen Kaffee eben selbst. Wenn Dir eine Ausgabe keinen wirklichen Nutzen bringt und für Dein Lebensglück unerheblich ist, streiche sie komplett. Investiere das auf diese Weise gesparte Geld regelmäßig in Dein Investment-Portfolio aus Aktien, Anleihen, Immobilien. Mache das zehn Jahre lang. Mit der 752- und der 173-Regel kannst Du überschlagen, wie viel Geld Du nach dieser Zeit ungefähr angespart hast.

Gute Spargewohnheiten

Es gibt noch viele weitere Ideen, wie Du im Leben Deine Ausgaben verringern kannst. Dazu gehört erstmal ein guter Überblick, wann Du Geld besonders gerne ausgibst. Ich einem Geldcoaching berichtet Susanne, sie habe eine Steuererstattung von 400 € bekommen. Im fast gleichen Atemzug berichtet sie dann von einer Shoppingrunde im Internet, die sie im Anschluss gedreht habe, die teurer als die 400 € war. In der Summe blieb nichts übrig. Was ist da passiert? Beim genaueren Blick auf ihr Handeln kam heraus, dass sie nicht wirklich glaubt, dass sie Geld haben dürfe. Wenn so eine unterbewusste Überzeugung vorliegt, wird das Unterbewusste auch immer wieder auf neue Ideen kommen, wie der gewünschte Zustand wiederhergestellt wird. Hier galt es, die unterbewusste Überzeugung von Susanne zu verändern. Wenn Du Dich aufmerksam beobachtest, wirst Du auch Handlungsmuster entdecken, die auf den ersten Blick nicht sinnig erscheinen, die Du aber dennoch regelmäßig so durchführst. Dahinter liegen meist Überzeugungen, die es aufzudecken gilt. Denn leider haben wir nicht immer förderliche Überzeugungen, wenn es um das Thema Geld geht. Sie sind entstanden in unserer Kindheit. Nicht jede Lehrerin, nicht jeder Nachbar und selbst unsere Eltern waren dabei gute Geldlehrer, die uns nur die besten Handlungsansätze in Sachen Geld und besonders in Sachen reich werden vermittelt haben. Im Gegenteil. Aus Schutz, aus Angst oder aus anderen Gefühlen wurden Überzeugungen vermittelt, wie Geld ist böse, reiche Menschen sind arrogant oder Geld verdirbt den Charakter. Bei solchen hintergründig laufenden Programmen ist es schwer, ein Vermögen aufzubauen. Für das unterbewusste System erscheint es nicht erstrebenswert, reich zu werden. Immerhin wird dies mit negativen Assoziationen verknüpft. Es lohnt sich eigene Glaubenssätze zum Thema Geld aufzuspüren. Die Fragen zu Deinen Erinnerungen an Deine Kindheit habe ich Dir schon früher gestellt. Spannend ist auch noch, wem Du heute mit Deinem Handeln Loyalität zollst. Es gibt zahlreiche Menschen, die sich nicht erlauben, mehr zu verdienen als der Vater oder die Mutter. Natürlich nur unbewusst. Aber hartnäckig. Weil vermeintlich die Zugehörigkeit verloren gehen könnte. Und Zugehörigkeit ist ein lebensnotwendiges Grundmuster, was tief in uns verankert ist. Wenn Du solche Loyalitäten mit bestimmten Verhaltensformen bezüglich Geldes aufrecht erhältst, schau im nächsten Schritt, wie Du der Person gegenüber anders Deine Loyalität zeigen kannst. Wie kannst Du Deinem Vater Deine Bewunderung und Liebe zeigen und gleichzeitig mehr Geld verdienen? Gibt es da andere Wege?

Nochmal zurück zu den sogenannten Glaubenssätzen: Was immer die Menschen in Deiner Kindheit um Dich rum zum Thema Geld gesagt haben, es ist naheliegend, dass Du aus diesen Sätzen Überzeugungen übernommen hast, eben diese sogenannten Glaubenssätze. Schreib diese auf. Und schau, wie viel sie heute noch für Dich gelten. Tief in Dir drin. Nicht unbedingt kognitiv. Aber vom Gefühl her. Wenn Du solche Glaubenssätze entdeckst, kannst Du sie dann auseinandernehmen. Dazu gibt es im Coaching zahlreiche Formen. Die einfachste ist, über 3 Minuten einer Freundin zu erklären, warum der Glaubenssatz nicht stimmt. Non Stopp, drei Minuten lang. Die Freundin darf helfen, wenn Dir keine Argumente mehr kommen. Aber die Hauptimpulse kommen aus Dir. Denn natürlich hatten weder Deine Eltern, noch Dein Lehrer, noch Deine Sporttrainerin für Dich Recht. Höchstens für sie selbst und nicht mal das ist sicher. Für Dich ist es auf jeden Fall nur eine Form der Wahrnehmung der Welt.

Helfen kann auch auf einer sehr praktischen Art das Verschieben von Konsumentscheidungen. Also sehr konsequent nicht gleich beim ersten Mal eine Vase zu kaufen, sondern eine Nacht darüber zu schlafen und auch zu Hause zu schauen, ob diese Vase tatsächlich gebraucht wird. Besonders bei Gegenständen, die heftig beworben werden, kann dieses Aufschieben sehr hilfreich sein, um nochmals Abstand zu gewinnen und zu schauen, ob man dieses Produkt tatsächlich braucht.

In diversen Experimenten im Internet wird immer mal wieder das Erlebnis beschrieben, ein Jahr lang keine Kleidung zu kaufen. Der Wechsel zu dieser Gewohnheit ist erstmal gewöhnungsbedürftig, wie bei fast allen Gewohnheitsveränderungen. Danach beschreiben die meisten Testpersonen den Kleiderverzicht als ausgesprochen wohltuend. Im Verzicht wird deutlich, wie viele Kleidungsstücke im Kleiderschrank bereits hängen und wie wenige Kleidungsstücke man dann doch praktisch trägt. Ganz zu schweigen von der Zeit, die für den Kauf für neue Kleidung draufgeht. Natürlich lässt sich diese freiwillige Einschränkung auch auf viele andere Konsumfelder ausweiten. Wo hier genau Deine besonderen Herausforderungen liegen, dass wirst Du wahrscheinlich am besten mit Hilfe Deines Haushaltsbuches erkennen.

Im Kapitel zum Vermögensaufbau hast Du ausgerechnet, wie viel Du pro Stunde verdienst. Diese Zahl kann beim Konsum auch sehr hilfreich sein. Bist Du bereit, für eine neue Hose vier Stunden zu arbeiten oder für einen neuen Haarschnitt bei diesem teuren, aber so schicken Friseur für einen ganzen Tag zu arbeiten. Oder gehen da auch andere Lösungen?

Newsletter und Werbung informieren uns regelmäßig über Sparangebote. Auch wenn wir den Eindruck haben, dass wir mit diesen Angeboten Geld sparen, ist das leider nicht immer so. Mit dem Studieren der Newsletter und der Zeitungsbeilagen entstehen erst

Kaufwünsche, die wir sonst gar nicht gehabt hätten. Deshalb kann es sehr ratsam sein, Newsletter von Versandhäusern jeglicher Art abzubestellen und die Werbung im Briefkasten zu minimieren und zu ignorieren.

Grundsätzlich soll Sparen Spaß machen. Das ist vielleicht für den einen oder die andere ein großes Paradox. Und ja, dass kann ich auch nachvollziehen. Trotzdem ist es wichtig, dass man mit Spaß und Freude bei der Sache ist und nicht griesgrämig jeden Cent in der Tasche dreimal umdreht, bevor man ihn ausgibt. Das hat etwas mit Anziehung zu tun. Wenn wir uns in einem sehr engen Mangelbewusstsein bewegen und bei jeder möglichen Ausgabe schon verkrampfen, dann werden wir immer dieses Mangelbewusstsein empfinden. Das hat in meinem Modell von Welt wenig mit Lebensqualität zu tun und ist eher sehr krampfig.

Es gibt Menschen, die sparen mit Freude. Die haben Spaß daran, die für sie günstigste Lösung zu finden und das muss nicht immer die billigste sein. Die haben Freude daran, darüber nachzudenken, wie man Geld sinnvoll einsparen kann. Weil man Dinge gebraucht kauft oder teilt, weil man sie selber macht oder von anderen Selbstgemachtes geschenkt bekommt. Weil man alte Geräte repariert oder Dinge selber baut. Dabei entsteht wahlweise Selbstbefähigung oder Zusammenhalt. Weil man selber lernt, dieses oder jenes zu tun oder sich gegenseitig hilft. Die Felder in denen man Sparen kann, sind super weit. Wenn es sich eng anfühlt, dann wird sich wahlweise ein Widerstand bei einem selbst melden oder bei anderen. Bei Brandon hat seine Frau beispielsweise nach einiger Zeit die Notbremse gezogen. Er war so fasziniert von seinem Vermögensaufbau, dass er das aktuelle Leben zu sehr vergaß. Sie hat dann wieder ein normaleres Maß ins Leben gebracht und das hat sich dann auch für beide wieder stimmiger angefühlt.

Das eigene Einkommen erhöhen

Für viele Menschen bedeutet eine Anstellung eine sichere, solide Lösung. Eine andere Sichtweise wird in der Regel komplett ausgeblendet. Eine Anstellung bedeutet aber immer nur für einen Kunden zu arbeiten, nämlich den Arbeitgeber. Mit einem fest vereinbarten Honorar, das selbst bei noch so guter Arbeit und bei noch so genialen Geschäftsideen in maximal ganz kleinen Schritten, sogenannten Gehaltserhöhungen, steigt. Der einzige Vorteil: Wenn Du ausfällst, darfst Du auf seine Kosten sechs Wochen krank sein. Na gut, und wenn Du in Urlaub fährst, zahlt er Dir Dein Honorar auch in dieser Zeit fort. Der vermeintliche Vorteil der Stellensicherheit wird in meinen Augen dramatisch überschätzt. Wie viele Unternehmen sind in den letzten Jahren überraschend pleitegegangen? Bei wie vielen gab es eine Verlagerung von Stellen ins Ausland? Dazu habe ich in meinen Coachings viele Führungskräfte kennengelernt, die – zwar mit Abfindung – von einem Tag auf den Anderen auf der Straße standen. Weil der ausgewechselte Vorstand mit ihnen nicht klarkam oder ein Mitarbeiter einen Fehler gemacht hat, für die auch die Führungskraft geradezustehen hatte. Wenn dies passiert, ist der Sturz in ein mittelgroßes schwarzes Loch kaum zu vermeiden. Es ist eben nicht nur ein Kunde von vielen, der wegfällt. Sondern der einzige Kunde. Und dieser Wegfall will erstmal verkraftet werden.

Die Chancen im Unternehmertum und in der Selbständigkeit deutlich besser Geld zu verdienen, stehen viel besser. Und da man immer mehrere Kunden hat, ist es in meinen Augen auch sicherer. Trotzdem ist eine selbständige Tätigkeit in Deutschland verbunden mit der Wahrnehmung von Risiken. Wir betrachten Selbständige als Menschen, die ständig viel arbeiten und am Existenzminimum leben. Wir gehen davon aus, dass man die ersten Jahre kein Geld verdient und hohe Rücklagen braucht, um sich selbständig zu machen. Wir haben die Insolvenz im Blick und nehmen große Verkäufe und dicke Gewinne als Ausnahme wahr. Die Chancen, die in einer Selbständigkeit und einer Unternehmensgründung liegen können, werden gerne komplett übersehen. Für diese Chancen will ich Dich sensibilisieren. Ob in Teilzeit oder gleich Vollzeit, gute Gründungsideen können Dich sehr schnell in die Nähe Deines Grundeinkommens bringen. Wahlweise weil Dein Unternehmen regelmäßig Gewinne abwirft oder weil es jemand anders kauft und Du damit entsprechendes Kapital zur Verfügung hast.

Unternehmertum und Selbständigkeit

Als Unternehmerin oder Selbständiger ist Dein Gewinn nicht gedeckelt. Mit einer guten Geschäftsidee kann er durch die Decke gehen. Du kannst mit vielen verschiedenen Kunden arbeiten und damit Deine Unternehmung auf solide und sichere, langfristige Füße stellen. Du kannst den administrativen und produktiven Ablauf so delegieren und automatisieren, dass es nicht mal bedeutet, dass Du selbst ständig aktiv sein musst. Manche Unternehmen gründen ein Unternehmen gleich mit dem Blick darauf, es in etwa fünf Jahren wieder zu verkaufen. Besonders im Bereich des Internet-Business hat dies einige Menschen mit nur einem Verkauf in die finanzielle Freiheit oder in noch größeren Reichtum katapultiert.

Ich habe in den letzten Jahren mit vielen Menschen gesprochen, die die finanzielle Freiheit anstreben. Die also so lange sparen und investieren, bis die Kapitalerträge das bisherige Gehalt ersetzen können. Die, die angestellt arbeiten, träumen dann von der freien Zeit, ausgedehnten Reisen und viel Zeit mit der Familie. Umgekehrt durfte ich im Rahmen meiner Recherchen auch viele Menschen kennenlernen, die dieses Ziel bereits erreicht haben. Ja, die einen oder anderen haben nach ihrer Kündigung eine Auszeit genommen. Von etwa drei Monaten, manchmal auch von einem halben Jahr. Danach hatten alle Lust mehr zu tun, als nur Zeit mit der Familie zu verbringen oder zu faulenzen. Vielfältige Ideen entstanden, einige wurden Soloselbständige, andere gründeten Unternehmen. Aus der Beobachtung dieser Menschen ist diese Buchidee gereift. Denn fast alle hätten kein komplettes Gehalt mit Kapitaleinkünften ersetzen müssen. Sie verdienen mit ihrem freien Leben wieder Geld. Diesmal nur mit Leidenschaft, weil sie die Tätigkeit gefunden haben, die ihnen Spaß macht.

An diesem Spaß kann auch die Suche nach einer selbständigen Tätigkeit für Dich starten. Was würdest Du tun, wenn Geld keine Rolle spielen würde? Was würdest Du angehen, wenn es garantiert wäre, dass Du nicht scheitern könntest? Was würdest Du gerne lernen, weil Du eine Ahnung hast, dass die dann neuen Möglichkeiten Dir Spaß machen würden?

Diese Fragen sind Leitfragen, die Dich in Deinem Suchprozess unterstützen können. Leitfragen, die bewusst Risiken und Scheitern ausblenden. Natürlich kann man sich Risiken im Laufe des weiteren Prozesses anschauen. Ja, man wird es wahrscheinlich tun müssen und wollen. Aber wir sind oft so fokussiert auf die Risiken und das eigene Scheitern, dass wir uns überhaupt nicht erlauben, groß und erfolgreich zu denken. Und das ist so schade.

Wenn die Frage nach dem Spaß übrigens nicht sehr zielgenau zu einem klaren Ergebnis führt, dann können auch weitere Fragen helfen, um Marktlücken zu entdecken. Dabei kann man sehr genau beobachten, welche Sehnsüchte es unter den Menschen gibt und wie man diese vielleicht auf eine neue und andere Art befriedigen kann. Alternativ richtet sich der Blickwinkel auf das genau umgekehrte, nämlich die Frage, was Menschen nervt. Auch aus dem Beheben eines Mangels können Geschäftsideen entstehen. In jedem Fall steht im zweiten Schritt eine Testfrage. Nämlich die Frage an Testkunden bzw. Testinteressenten, ob sie an dieser Lösung interessiert wären oder ob diese anders aussehen müsste. Erfolgreiche Unternehmen bieten etwas an, was gebraucht oder ersehnt wird. Wenn Deine Idee von niemanden nachgefragt wird, brauchst Du viel Energie, um hier eine Nachfrage aufzubauen. Das funktioniert zwar manchmal auch, ist aber viel umständlicher.

Der Zweck der Gründung

Bei dem Ziel Deiner Überlegung ist eine Unterscheidung wichtig. Baust Du etwas auf, um damit möglichst schnell reich zu werden oder baust Du etwas auf, mit dem Du Dein restliches Leben und Deinen Lebenszweck erfüllen willst. Wenn Du beides miteinander kombinieren kannst, ist das super. Ich kenne aber auch Unternehmerinnen, die glasklar ein Unternehmen unter dem Gesichtspunkt aufgebaut haben, dass es eine Lücke im Bedarf gibt und dieser gedeckt werden muss. Sie hatten auch im Blick, dass sie das Unternehmen so aufbauen, dass es irgendwann wiederverkauft werden kann. Je nachdem, wie erfolgreich dies abläuft, kann hier auf einen Schlag das Kapital für ein Basiseinkommen herausspringen.

Auf der anderen Seite machen sie viele Menschen selbständig, weil sie endlich ihr berufliches Glück verwirklichen wollen und dabei der unternehmerische Profit gar nicht in erster Linie im Vordergrund steht. Logisch, dass auf diesem Weg in der Regel weniger Geld hängenbleibt. Obwohl man nicht aus den Augen verlieren soll, dass auch hier deutlich mehr Gewinn möglich ist, als in einer Anstellung. Bei der Erfüllung der eigenen beruflichen Ziele durch eine Selbständigkeit wird es möglicherweise mit dem Verkauf schwieriger. Aber auch nicht undenkbar. Je nach Ziel wird sich eine Gründung unterschiedlich ausrichten.

Nebenberufliche Selbständigkeit

Wenn Du noch angestellt bist und dieses auch nicht aufgeben willst, dann ist es in vielen Fällen eine interessante Variante eine nebenberufliche Selbständigkeit zu starten. Weil man dabei viel lernt und noch ohne großen Erfolgsdruck experimentieren kann. Bevor ich mich komplett selbständig gemacht habe, habe ich bereits über 10 Jahre nebenberuflich Bücher geschrieben, Trainings gegeben und mich als Coach geübt. Bei letzterem sage ich bewusst, ich habe mich geübt. Denn kein Meister fällt vom Himmel. Es ist schön, wenn man sich die Zeit geben kann, eine neue Fertigkeit ohne riesengroßen Erfolgsdruck einüben zu können. Um diese nebenberuflichen Tätigkeiten gut ausführen zu können, habe ich als Geschäftsführerin immer in Teilzeit gearbeitet und mir den Luxus gegönnt, an einem Tag nicht angestellt zu leiten, sondern mich selbst meinen eigenen Leidenschaften zu widmen. Eine wunderbare Schule für die spätere komplette Selbständigkeit.

Besonders das Internet bietet zahlreiche Möglichkeiten, mit relativ leichten Mitteln ein Business zu starten. Dies kann zunächst mit einem Online-Shop starten, mit einem Blog oder mit einem guten Serviceangebot. Ein Blog wird möglicherweise zunächst als Hobby starten und sich dann im Laufe der Zeit zu einem größeren Angebot entwickeln. Das Internet ist perfekt, um zu experimentieren und zu schauen, bei welchem Thema es gute Zugriffszahlen gibt und bei welchem eben nicht. Solange sich der Erfolgsdruck hier in Grenzen hält, kann man locker experimentieren und ausprobieren, was gut funktioniert. Perfekt für eine nebenberufliche Beschäftigung, je nach individuellem Geschmack darf es sich zunächst auch nur wie ein Hobby anfühlen.

Natürlich gehen aber auch viele analoge Angebote, die lokal Probleme lösen oder bei denen Produkte erstellt werden. Möglicherweise entdeckst Du Marktlücken aus Deinem bisherigen Arbeitsumfeld. Eben weil Ihr in Eurer Firma immer suchen müsst, um ein bestimmtes Produkt zu erstehen. Oder weil Ihr mit einem Service eines Dienstleisters sehr unzufrieden seid. Und es keine alternativen Anbieter gibt. Vielleicht bist Du einer, der dieses aufbaut. Manchmal führt der Weg ins Unternehmertum auch durch die Übernahme des Betriebes, in dem Du gerade arbeitest. Wenn es da gute Ideen gibt, wie man Dinge besser, einfacher und effektiver gestalten und damit das Unternehmen verbessern kann, dann kann auch so eine Übernahme große Chancen bieten.

Die Ideen hin zum eigenen Unternehmen und in die Selbständigkeit sind vielfältig. Viel zu wenige Menschen trauen sich diesen Gedankengang überhaupt zu denken. Ich reihe mich ein. Immerhin habe ich ein halbes Jahrzehnt gebraucht, um endlich den Absprung zu wagen und meine Kündigung zu unterschreiben. Ich habe es nicht bereut, auch wenn es natürlich Zeiten gab, in denen ich nicht ganz sicher war, wie mein weiterer Weg aussehen würde. Aber wenn ich auf meine Laufbahn als leitende Angestellte zurückblicke, dann war auch da nicht alles vorhersehbar. Und in beiden Fällen bin ich im Rückblick sehr froh darüber. Es wäre einfach auch ziemlich langweilig, wenn das Leben immer vorhersehbar wäre!

Ein eigenes Unternehmen gründen

Wenn Du eine gute Geschäftsidee hast, dann kann die Kündigung und die Fokussierung auf ein eigenes Unternehmen der richtige Weg sein, um Dir schnell ein Grundeinkommen aufzubauen. Ob es eine Marktlücke ist oder ein Bedürfnis, welches Du besonders gut befriedigen kannst, hier sind der Suche nach einer guten Geschäftsidee keine Grenzen gesetzt. Zum Thema Unternehmertum gibt es umfangreiche Literatur, Kurse und Barcamps. Mach Dich schlau, such Dir die passende Weiterbildung und die passenden Partner. Was brauchen Menschen und wie kann ich es ein kleines bisschen besser machen.

Passives Einkommen

Ein weiterer Baustein Geld anzusammeln ist das viel gepriesene passive Einkommen. Also Tätigkeiten, die mit wenig Zeitaufwand viel Geld bringen. Dies passiert in der Regel bei skalierbaren Leistungen. Wenn ich also etwas verkaufe, was sich beliebig oft verkaufen lässt, mich aber keine zusätzliche Zeit kostet. Im Online-Geschäft sind dies E-Books, Online-Kurse, Apps, Werbeeinnahmen und vieles mehr. Einmal erstellt kann man sie beliebig oft verkaufen. Wobei man den regelmäßigen Marketingaufwand nicht unterschätzen sollte. Ich denke, auch beim passiven Einkommen muss man im Blick haben, dass Geld letztlich Energie ist. Sie kommt nicht, wenn man keine in sie reinsteckt. Umso origineller die Idee (also energiegeladen) umso höher die Wahrscheinlichkeit, dass auch viel Geld fließt. Sich einen Strom an passiven Einkünften zu schaffen, hilft beim Weg zur finanziellen Freiheit, aber auch darüber hinaus. Viele Menschen, die finanziell frei sind oder bereits einen Grundstock an Kapital erwirtschaftet, haben sich passive Einkünfte geschaffen. Es gibt dabei viele Möglichkeiten – das Internet bringt fast täglich neue hervor. Auch hierzu gibt es zahlreiche Literatur, Kurse und Online-Kongresse, in denen Praktiker von ihren Erfahrungen berichten. Im Wesentlichen würde ich die Einkünfte in drei Bereiche unterteilen, die sich teilweise ergänzen und unterstützen.

Eigenes Wissen teilen

Du hast ein gewisses Know-how in einem bestimmten Bereich? Du erklärst immer wieder Menschen etwas, was für Dich fast selbstverständlich ist? Du arbeitest Dich gerne in Themen ein, um dieses Wissen dann gut verständlich und neu aufbereitet anderen weiterzugeben? Dann kannst Du dieses Wissen auch gut über das Internet teilen. Dies geht mit einem E-Book, einem Online-Kurs oder Webinar, mit Videos oder Audiokursen. Der Gestaltung sind so gut wie keine Grenzen gesetzt. Gemeinsam haben alle Produkte, dass Du sie immer wieder verkaufen kannst. Sie sind skalierbar. Einmal aufgesetzt ist es egal ob Du sie zweimal oder tausendmal verkaufst.

Produkte erstellen und verkaufen

Du entdeckst, dass ein bestimmtes Produkt auf dem Markt fehlt und Du findest eine Lösung, wie sich dieses Produkt herstellen lässt. Das kann mit Anbietern in Fernost sein, das kann sich aber auch mit einem guten Handwerker vor Ort realisieren lassen. Wichtig ist, dass Du nicht gleich 10.000 Stück produzierst, sondern langsam und nach Bedarf produzieren lässt. Möglicherweise auch erst wieder im Internet testest, ob es den Bedarf überhaupt gibt. Zu diesem Zweck schaltest Du beispielsweise bei Google oder Facebook eine Anzeige mit Deinem coolen neuen T-Shirt, welches es bisher genau einmal gibt. Dazu gibt es einen Button mit Ja, ich habe

Interesse oder ich möchte das T-Shirt bestellen. Allen Kunden schreibst Du dann, dass das T-Shirt aktuell ausverkauft ist, Du sie aber so schnell wie möglich informierst, wenn neue da sind. Du bekommst über diesen Weg ein Gefühl dafür, wie viele Menschen ein solches T-Shirt wollen.

Wenn Dir selbst kein echtes neues Produkt einfällt, kannst Du auch bestehende Produkte verkaufen. Das geht natürlich nur, wenn Du wahlweise billiger als die Mitbewerber bist oder einen besseren Service anbietest oder es etwas dazu gibt, was mich motiviert, bei Dir zu kaufen. Auch hier ist es wieder möglich, die Produktion, den Einkauf, die Verschickung und Rechnungsstellung an Dienstleister zu delegieren.

Wissen von anderen bewerben

Eine dritte Säule ist das sogenannte Affiliate-Marketing oder im weitesten Sinne auch das Network-Marketing. In diesem Fall bewirbst Du die Produkte von Anderen und bekommst für den erfolgreichen Verkauf der Produkte eine Provision. Je nach Produkt fällt diese unterschiedlich hoch aus. Von einigen wenigen Cent bis zu einigen hundert Euro. Beides kann Sinn machen. Bei den wenigen Cent musst Du halt entsprechend viele Verkäufe über Deine Kontakte realisieren. Da hier die Produkte natürlich billiger sind, ist die Kaufschwelle nicht so hoch. Es ist übrigens nicht so, dass Du mit jedem Verkäufer individuell verhandeln musst, ob Du das

Produkt verkaufen darfst. Für den Online-Handel gibt es eine Vielzahl von Affiliate-Plattformen die Anbieter und Werber zusammenbringen.

Was Du allerdings brauchst, ist eine eigene Internetseite meist verbunden mit einem eigenen Blog mit ausreichend vielen Besuchern, die sich für das beworbene Angebot auch interessieren könnten. Bezahlt wird eben nur nach Erfolg. Dasselbe gilt auch für das Network-Marketing. Hier brauchst Du ein großes Netzwerk, also Menschen, die Du kennst, an die Du die Produkte verkaufen kannst.

Klug investieren

Es gibt aktuell viele, viele Quellen, um sich über Geldanlagen schlau zu machen. Dieses Buch ist kein weiterer Ratgeber für die beste Anlagestrategie. Einfach weil ich selbst für mich nicht den Anspruch erhebe, die beste Anlagestrategie zu kennen und anzuwenden. Einiges hat gut geklappt und anderes eben nicht. Wenig hilfreich empfinde ich Angst und das pauschale Verteufeln von einzelnen Anlagestrategien. Sehr hilfreich ist in meinen Augen das schrittweise Investment. Also nicht erst eine große Summe zu sparen und die auf einen Schlag zu investieren, sondern langsam und schrittweise die eigenen Eier in unterschiedliche Körbe abzulegen. Und immer wieder zu beobachten, wie diese sich entwickeln.

Investments, die Du nicht verstehst, sind außerdem tabu. Wenn Dir jemand anders etwas verspricht, Du aber keinen blassen Schimmer hast, wie das funktionieren soll, lass einfach die Finger davon. Ich stelle Dir hier als ersten kleinen Einblick die gängigsten Formen von Investments vor. Ich bin sicher, Du wirst Dich dann weiter schlau machen, in dem Bereich, der für Dich spannend ist. Sollte Dich kein Bereich ansprechen, rechne bitte mit einem Zinses-Zins Rechner aus, wie teuer es Dich zu stehen kommt, Dich nicht zu informieren. Wenn Du beispielsweise gerade 30 bist und grundsätzlich bereit bist, jeden Monat 700 € für Dein Grundeinkommen auf die hohe Kante zu legen, dann macht der

Unterschied zwischen einem guten Investment von 8% Steigerung im Jahr zu 0,5% Zinsen auf dem Tagesgeldkonto auf die nächsten 15 Jahre einfach mal 108.000 € aus. Das ist fast ein Drittel eines möglichen Kapitalstocks für ein regelmäßiges Grundeinkommen.

In unseren Seminaren werden wir auch immer wieder gefragt, ob es nicht gute Dienstleister gibt, die die Geldanlage für einen übernehmen. In derselben Runde berichten andere, wie sie bei einer Bank oder bei einer Vermögensberaterin „über den Tisch gezogen wurden" und letztlich ein für sie nicht besonders gutes Anlageprodukt gekauft hätten. Tröste Dich, wenn Du das auch schon gemacht hast. Wir haben alle in unseren Köpfen, dass ein Bankberater einem sagt, was man jetzt machen soll. Leider sind es aber eben auch immer Verkäufer, die versuchen den besten Deal zu verkaufen. In dem Fall den für sie besten Deal. Nicht den für Dich. Es mag Ausnahmen geben. Die kannst Du im Bereich der Honorarberatung suchen.

Wann immer jemand Dein Geld verwalten will, frage ihn zwei wesentliche Dinge: Wie er selbst daran verdient und was Du also genau bezahlst? Und ob er bereit ist, sein eigenes Vermögen und seine Strategie offen zu legen, so dass Du Dir ein Bild davonmachen kannst, wie erfolgreich er wirklich ist. Letztere Frage ist ein Killerargument, ich habe noch nie gehört, dass sich ein Berater darauf eingelassen hat. Ersteres ist eine wesentliche Frage, die Du auf jeden Fall stellen solltest, wenn Du ernsthaft darüber nachdenkst, Dein Vermögen in fremde Hände zu legen.

Fast alle Menschen, die im Laufe der Zeit finanziell erfolgreich unterwegs sind, berichten von der Phase mit Beratern wenig bis nichts positives. So blickt beispielsweise Alex zurück: *Auch, wenn ich erst 40 Jahre alt bin, so habe auch ich schon zahlreiche Fehler gemacht. Sei es bei meinen Projekten oder auch bei meinen Kapitalanlagen. Themenübergreifend gibt es einen Punkt, bei dem ich mir gewünscht hätte, ihn frühzeitig zu berücksichtigen. Es geht um die Unabhängigkeit. Gerade beim Thema Geld vertraut man oft Dritten sein Kapital an. Sei es bei Versicherungsfragen, bei der Geldanlage oder einfach nur, weil man Angestellter ist. Auch ich bin, mit Beginn meiner Ausbildung, zu einem der vielen Millionen Lemminge geworden. An mir haben sich einige Berater sicherlich eine goldene Nase verdient. Wer wirklich finanziell unabhängig werden möchte, der muss diese eigene Unabhängigkeit anstreben. Wer abhängig von jemandem oder etwas ist, der kann im Grunde nur schwer bis gar nicht eine gewisse Art der Freiheit erreichen.*

Diversifikation

Egal, wie man sein Geld investiert, es scheint eine gute Strategie zu sein, nicht alle Eier in einen Korb zu legen. Und dabei die Körbe möglichst breit zu verteilen. Es könnte uns passieren, dass sich die gesamte Börse irgendwann sehr korrigiert. Dann würden möglicherweise alle Aktien, obwohl dort breit diversifiziert, doch wieder in einem Korb liegen. Vincent hat seine breite Anlagestrategie und den Weg dorthin, sehr anschaulich beschrieben: *Ich bin ein ganz großer Fan von Diversifikation. Angefangen habe ich mit Aktien. Kurze Zeit später kam die erste Immobilie dazu. Da haben die teilweise doppelt so alten Kollegen mich mit meinen 20 Jahren schon als Freak wahrgenommen. Manche fuhren vielleicht ein tolles Auto, aber ein Wertpapierdepot oder vermietete Immobilien konnten die wenigsten ihr eigen nennen. An der Börse habe ich schließlich auch vieles ausprobiert. Als junger Wilder hat man da ja noch Spaß dran und man lernt die Märkte so definitiv gut kennen. Irgendwann wurde mir das zu stressig und ich habe mehr auf breit gefasste passive Fonds gesetzt. Einzelaktien kaufe ich auch heute noch. Aber eher Qualitätsaktien, die ich dann einfach im Depot liegen lasse. Auf Neudeutsch nennt man das „buy and hold".*

Dann kamen P2P-Kredite als Anlageklasse dazu. Im Moment ist das ja fast schon „hip". Ich habe 2009 bei smava angefangen, dann viel über auxmoney investiert und schließlich bin ich auch bei den baltischen Anbietern gelandet. Also auch innerhalb der Anlageklasse habe ich meine Investitionen bei inzwischen 20 Plattformen gut diversifiziert. Als Absicherung und weitere Assetklasse habe ich auch Edelmetalle im Depot. Aus der anfangs erwähnten Wohnung sind über die Jahre inzwischen 7 geworden. Neben den Immobilien-Direktinvestitionen bin ich seit über einem Jahr auch in Immobilien-Crowdinvesting Projekten investiert. Ich fühle mich mit dieser breiten Streuung einfach wohler und habe nicht alles auf eine

Karte gesetzt. Wenn die Börse crasht, muss der Immobilienmarkt nicht zwangsläufig gleichzeitig auch einbrechen und umgekehrt und wenn doch habe ich noch P2P-Kredite und Gold.

Gerne können wir auf die unterschiedlichen Anlageformen, die hier Vincent in ganzer Fülle vorgestellt hat, noch einmal einen genaueren Blick werfen.

Aktien

Mit Aktien kaufst Du kleine Anteile an einem Unternehmen, welches an der Börse als Aktienunternehmen geführt wird. Diese Aktien steigen mit den Erwartungen der Anleger, dass dieses Unternehmen weiterhin Erfolg haben wird. Sinken diese Erwartungen, werden Aktien verkauft, der Kurs fällt. Beide Bewegungen lassen sich nicht vorhersagen, zumindest hat dies noch niemand mehrmals sicher geschafft. Es gibt natürlich relativ logische Schlüsse, wie dass es nach einem langen Anstieg irgendwann zu einer Korrektur kommen muss. Nur weiß eben vorher keiner so genau, wann diese kommen wird. Was man aus den letzten 100 Jahren Börsengeschichte ableiten kann, ist dass der Aktienmarkt auf lange Sicht um etwa 6% im Durchschnitt pro Jahr gestiegen ist.

Die Auswahl der geeigneten Aktien ist nicht ganz einfach. Man kann sich an die großen Unternehmen halten, man kann sich an Produkten orientieren, die man selbst gerne kauft oder man kann diverse Kennzahlen zu dem jeweiligen Aktienunternehmen zu Rate ziehen. Maximal kann man den ganzen Einsatz verlieren – aber eben auch nicht mehr. Wenn man verschiedene Aktien besitzt, ist es nicht wahrscheinlich, dass alle Unternehmen einen Totalverlust hinlegen. Ich habe selbst schon die eine oder andere Pleite mitgemacht. Das ist nicht schön. Aber wenn andere Aktien im Depot zeitgleich um 50% wachsen, dann gleicht sich der Verlust aus. Ich kann gut schlafen, wenn in meinem Depot Geld angelegt ist, was ich im Notfall nicht unmittelbar zum Leben brauche. Was aber ein schönes Geldpolster liefert, wenn ich ein bisschen älter bin. Und wie gesagt, auf lange Sicht ist der Aktienmarkt bisher immer gestiegen. Wobei man leider nicht in die Zukunft schauen kann, diesen kleinen Risikohinweis mag ich mir nicht verkneifen.

Wer an der Börse aktiv werden will, findet viele gute Fachbücher und Ratgeber im Internet, mit denen man sich schlau machen kann. Und da man in der Regel Schritt für Schritt einsteigt, wird man auch mit jedem Schritt schlauer werden.

Alex hat mit Dividenden seine Strategie gefunden: *Mein Gesamtkapital wächst kontinuierlich mit einem langfristigen Anlagehorizont. Der Grund ist einfach. Ich verlasse mich auf das, was ich kann und probiere keine neuen Anlageideen aus. Im Grunde ist meine Anlagestrategie sehr langweilig. Mittels System und Struktur weiß ich, wann und in welche Unternehmen ich investieren muss. Dafür habe ich mir den Dividenden-Alarm geschaffen. Da die Zeiten, in denen ich aktiv werden muss, nicht allzu häufig vorkommen, verbringe ich auch nicht viel Zeit mit dem Kapitalmarkt in Verbindung mit meinen Depots. Grundsätzlich beobachte ich den Kapitalmarkt regelmäßig, einfach um thematisch am Ball zu bleiben und auch, weil meine Projekte damit zu tun haben. Die meisten Anleger, mit denen ich in Kontakt komme, gehen hier aber ganz andere Wege. Sie haben meist keine wirkliche Strategie, verwenden kein System, haben keine Anlagebedingungen, keine Investmentkriterien, handeln meist stets und ständig oder nach Ideen von Dritten. Denen kommt dann meine Anlagestrategie sicherlich wie ein Dornröschenschlaf vor. Wer finanziell frei werden will, sollte daher frühzeitig eine erfolgreiche Anlagestrategie gefunden haben und diese kontinuierlich anwenden und nur noch optimieren.*

ETFs – Passive Fonds

Für alle, die sich wenig damit beschäftigen wollen, empfehlen sich Indexfonds, sogenannte ETFs. Diese investieren in einen bestimmten Index, wie beispielsweise alle Unternehmen aus dem DAX. Aufgrund der Mittelung der Werte aller Unternehmen sind die Steigerungen aber auch die Verluste in der Regel deutlich geringer als bei Einzelaktien. Das bietet Sicherheit, immerhin kann man davon ausgehen, dass nicht gleich die gesamte Wirtschaft langfristig keine Gewinne mehr einfährt.

ETFs unterscheiden sich von aktiven Fonds in den Gebühren. Sie sind deutlich niedriger. Dafür muss man sich seinen ETF selbst aussuchen, was manche Menschen angesichts der Fülle von unterschiedlichen ETFs etwas überfordert. Zentral ist die Frage, auf welchen Index sich der ETF beziehen soll. Wer einsteigt, der kann gut mit dem MSCI World anfangen, dort sind immerhin die 2.000 größten Unternehmen der Welt in einem Aktienkorb zusammengefasst.

Wer gerne noch sicherer unterwegs sein will, der erreicht dies mit dem ARERO Fond. Dort sind auch noch Rohstoffe und Anleihen in den Korb eingefügt, Wissenschaftler haben diesen Mischfond angelegt, nachdem sie berechnet haben, dass dies die sicherste Mischung sei.

Alternativ lassen sich viele verschiedene ETFs auswählen. Gerade wenn man mit einer Sparplanvariante arbeitet und jeden Monat einen bestimmten Betrag spart, kann man viel herumexperimentieren. Passt ein ETF nicht mehr, löst man diesen Sparplan auf und startet einen neuen. Dies sollte man natürlich nicht laufend machen, aber es ist eben kein Weltuntergang, wenn man es zwischendrin mal machen muss.

Folgende Kennzahlen sind leicht zu beachten: Die Gebühren (TER) sollten möglichst niedrig sein. Das angelegte Vermögen des gesamten Fonds dafür hoch, sonst besteht die Gefahr, dass der ETF von dem auflegenden

Institut irgendwann aufgelöst wird und Du gezwungenermaßen einen neuen ETF aussuchen musst. Unterschieden wird außerdem zwischen thesaurierend und ausschüttend. Bei Letzteren werden die Dividenden ausgezahlt, bei ersteren gleich wieder reinvestiert. Für welche Version Du Dich entscheidest, hängt von Deiner Lebenssituation ab. In der Ansparphase wirst Du Dich eher für eine thesaurierende Variante entscheiden, in der Zeit des genutzten Grundeinkommens wirst Du wahrscheinlich umschichten auf einen ausschüttenden ETF.

Brandon hat zunächst in Einzelaktien investiert, ist dann aber umgeschwenkt auf ETFs. *Am Anfang habe ich mich im Aktienmarkt engagiert und dabei immer versucht, besser als der Durchschnitt zu sein. Irgendwann habe ich verstanden, dass ich mit Indexfonds besser fahre und habe meine Investments immer mehr auf ETFs umgestellt. Grundsätzlich bin ich die ganze Zeit dem Aktienmarkt treu geblieben. Wahlweise mal in Einzelwerte und später meistens in Indexfonds.*

Aktive Fonds

Wenn Du zu einem Bankgespräch gehst und dort fragst, wie Du am besten Dein Geld anlegen sollst, dann werden Dir wahrscheinlich aktive Fonds angeboten. Weil diese besser seien. Sind sie auch. Für die Bank und den Fondmanager, der davon lebt, den Fond zu managen. Der sich dies durch diverse Gebühren bezahlen lässt. Wenn Du darüber nachdenkst, den Anteil eines

Fonds zu kaufen, dann schaue unbedingt in das Kleingedruckte. Dort werden die Gebühren aufgezählt. Dort kannst Du nachlesen, dass gleich am Anfang ein Ausgabeaufschlag fällig wird, gerne sind als Einstiegsgebühr 5% Deines Einsatzes weg. Dann zahlst Du jährliche Gebühren von einigen Prozentpunkten sowie Sondergebühren, wenn der Fond besonders gut läuft und Transaktionskosten, wenn im Fond Aktien ausgetauscht werden.

Von daher kann ich aktive Fonds als Investments fast nicht empfehlen. Bei ganz wenigen Sonderfonds im Bereich des nachhaltigen Investments könnte es Sinn machen, einfach weil es dort Zusammenstellungen von Investments wie beispielsweise Mikrokredite gibt, die nicht als ETFs angeboten werden. Das sind aber nur wenige Ausnahmen und auch bei diesen sollte man die zu zahlenden Gebühren kritisch im Blick behalten.

Immobilien

Viele Menschen, die ich interviewt habe, haben ihr Vermögen durch den Erwerb von Immobilien aufgebaut. Sie sind ein dankbares Investment, da hier mittels eines Krediutes der eigene Einsatz gehebelt wird. Würdest Du zu einer Bank gehen und um einen Kredit in Höhe von 200.000 € bitten, um damit Aktien zu kaufen, würde Dich die Bank komisch anschauen. Bei einer Immobilie wird so ein Kredit durchaus gewährt. Im Augenblick sind die Zinsen sogar relativ niedrig, so dass die

Kosten für den Kredit gering sind. Dafür sind die Immobilienpreise sehr hoch, die Suche nach dem passenden Schnäppchen gleicht einer Suche nach der Stecknadel im Heuhaufen.

Fremdgenutzte Immobilien sind gute Investments, wenn nach einem gewissen Einsatz von Eigenkapital die Miete die Kosten für Zins und Tilgung deckt, der Mieter also die Kosten für den langsamen Erwerb der Immobilie bezahlt. Dabei sollte möglichst noch ein bisschen was übrigbleiben, um Reparaturen und bei einer Eigentumswohnung die Hausverwaltung zu bezahlen. Außerdem empfiehlt sich in dieser Niedrigzinsphase eine hohe Tilgung zu wählen. Finanziert der Mieter jetzt 4% Tilgung, dann ist man gut abgesichert, wenn bei einer Neufinanzierung des Restkredites in 10 oder 15 Jahren der Zinssatz höher ist. Man braucht dann zwar länger für die Tilgung, hat aber nicht das Risiko, dass man bei einem Zinssatz von beispielsweise 4% die Immobilie wahlweise verkaufen muss oder jeden Monat aus dem eigenen Einkommen zur Tilgung beitragen muss.

Bei den meisten Immobilien braucht es einen gewissen Eigenanteil, in der Regel liegt das Minimum bei 10%, gängig sind 20%. Entsprechend eignet sich dieses Investment erst, wenn man schon ein bisschen Geld gespart hat.

Ich gehe hier bewusst nicht auf selbstgenutzte Immobilien ein. Diese lohnen sich ja nach Wertsteigerung durchaus auch, die Vorteile liegen aber eher im ideellen Bereich. Wer sich schnell ein Grundeinkommen schaffen will, startet zunächst mit vermieteten Immobilien und realisiert die selbstgenutzte Immobilie im Anschluss.

Christian und Sylvia haben ihr Grundeinkommen für sich und ihre Kinder relativ zügig aufgebaut, nicht nur durch den Kauf, sondern auch den Verkauf von Immobilien. Inzwischen hat Christian ein eigenes Unternehmen im Immobilienbereich gegründet, er hat hier seine Leidenschaft entdeckt, bei der es egal ist, ob er arbeiten muss oder eben einfach arbeiten will. Innerhalb von 5 Jahren hat er es geschafft, ein Grundeinkommen mit Immobilien aufzubauen. *Warum ich in Immobilien investiert habe? Ganz banal gesagt: mir schien diese Art der Investition am einfachsten und sinnvollsten. In einen Wert zu investieren, bei dem die wichtigen Parameter überschaubar sind, den ich „sehen und fühlen" kann und über dessen Entwicklung ich in einem gewissen Rahmen auch eine gewisse Kontrolle habe. So haben meine Frau Sylvia und ich 2010 zuerst in eine eigengenutzte Wohnung in München investiert und ca. zwei Jahre später angefangen, auch in vermietete Wohnungen zu investieren. Und je mehr sich dieser Weg für uns als der richtige herausstellte, desto konsequenter sind wir ihn auch weitergegangen. Als wir schließlich 2013 unsere erste Wohnung gewinnbringend und auch steuerfrei verkaufen konnten, war dies auch nochmal ein Katalysator für das ganze Unterfangen. Und mittlerweile sind es nun doch schon 32 Wohneinheiten. Für uns selbst kaum zu glauben.*

Melanie kommt aus einer Familie, in der bereits ihre Oma und ihre Eltern Immobilienbesitz hatten. Logisch, dass für sie der Vermögensaufbau mit Hilfe von Immobilien der beste Weg war. Sie hat damit dann auch relativ früh angefangen. Ihren Weg beschreibt sie als gar nicht so schweren: *Mit 27 habe ich mir die erste Immobilie gekauft. Es war eine 65 Quadratmeter große Wohnung, die gut vermietet war. Damals hatte ich schon Bausparverträge, die dann auch zuteilungsreif waren. Zugeteilte Bausparverträge haben den Vorteil, dass man so viel tilgen kann, wie man möchte. Darin lag mein Erfolg. Meine zweite Wohnung kaufte ich zwei Jahre nach der ersten Wohnung. Auch mit einem zugeteilten Bausparvertrag. Die schnelle Tilgung war für mich sehr wichtig. Nachdem diese beiden Immobilien fast bezahlt waren, tat sich eine neue Möglichkeit auf, ein Dreifamilienhaus zu erwerben. Dieses Dreifamilienhaus war nach den ersten beiden Wohnungen der nächste logische Schritt. Durch meine beiden Wohnungen war meine Bonität bei den Banken besser. Durch familiäres Crowdfunding organisierte ich mir das Eigenkapital und wusste, dass etwas Größeres möglich war. Ein Nachbar meiner Eltern verkaufte gerade sein Dreifamilienhaus. Da es eine sehr schöne Wohngegend ist, habe ich auch nicht lange überlegt. Die gute Wohnlage hat da den Ausschlag gegeben. Nun wohnte ich umsonst, durch die abbezahlten Wohnungen, und hatte noch Mieteinnahmen für die groben Kosten. Dadurch konnte ich 80-90% meines Arbeitseinkommens in die Tilgung stecken. Glücklicherweise gibt es solche Banken, die ohne weitere Kosten jedem Kunden 15% Tilgung im Jahr erlauben.*

Auch Monika hat ihr Grundeinkommen durch den Kauf von Immobilien realisiert. Sie hat es innerhalb von 20 Jahren geschafft, die Kredite für ihr halbes Mietshaus zu tilgen. Wie das ging? *Sparen, sparen, sparen. Nein, dass war es nicht nur. Ich hatte damals den Kredit in drei Chargen aufgeteilt. In 5, 10 und 15 Jahre. Vor 20 Jahren waren die Zinsen deutlich höher, mit jeder neuen Finanzierungsrunde wurden die kurzfristigeren Kredite günstiger. Dazu kamen auf der Einnahmenseite Mieterhöhungen. Wahlweise innerhalb der gesetzlichen Regelung bei den Bestandsmietern oder etwas höhere Schritte, wenn neue Mieter einzogen. Solange ich angestellt gearbeitet habe, konnte ich alles überschüssige Geld investieren und zu den Fälligkeitsterminen in die Tilgung der Kredite stecken. Das überschüssige Geld waren übrigens nicht nur die Überschüsse aus den Mieten. Ich habe auch viel gespart. Ich habe in einer relativ kleinen Wohnung gelebt, hatte kein Auto und habe viel Freude daran, sparsam zu leben. Eigentlich habe ich meinen Lebensstandard nicht sehr erhöht, seit ich studiert habe. Wurde aber als Abteilungsleiterin bezahlt. Die Differenz habe ich gespart. Bei dem letzten großen Kredit hat dann auch noch mein Vater geholfen, der bei einem Aktiendeal viel Geld erwirtschaftet hatte und der schönen Meinung war, lieber Geld mit warmen Händen weiter zu reichen. Gemeinsam war dann tatsächlich der letzte größere Kredit vor etwa sechs Jahren abgezahlt. Damit waren die Mieteinnahmen meine und ich konnte darüber nachdenken, mein Leben neu zu gestalten.*

P2P Kredite

Es gibt immer Menschen, die dringend Geld brauchen. Dafür sind sie bereit, hohe Zinsen zu bezahlen. Weil ein Kredit bei einer Bank zeitaufwendig ist und es durchaus auch Menschen gibt, die dort keinen Kredit erhalten würden, hat sich im Internet ein relativ neuer Markt aufgetan. Der Markt der sogenannten P2P Kredite. Zinssätze von 10 bis 12% sind gut zu realisieren, allerdings gibt es auch immer mal Ausfälle. Da die Internetplattformen die zu vergebenen Kredit immer sehr breit ausfächern und man beim automatischen Investment nur wenige Euro in einen Kredit gibt, ist das alltägliche Risiko nicht allzu groß. Schlechter zu bewerten ist das allgemeine Risiko des gesamten Geschäftsmodells und der entsprechenden Internet-Anbieter. Da es alles ganz neu ist, kann man noch nicht so genau sagen, wie sich das Modell insgesamt bewährt. Von daher eignen sich P2P Kredite in meinen Augen als gute Beimischung, aber wahrscheinlich nicht als wesentliche Investmentstrategie.

Darlehen

Eine weitere schöne Beimischung sind Darlehen. Auch hier gibt es inzwischen Internet-Plattformen, die eine Beteiligung zum Teil ab 50 € ermöglichen. Ich mag besonders Investments in erneuerbare Energien, einfach weil ich den Ausbau dieser Technik gerne mit meinem Geld unterstütze. Man kann aber auch Geld in

Immobilienprojekte oder Start-ups investieren. Feste Zinssätze von 3 bis 10% sind üblich, die Laufzeiten variieren projektweise. Einen Knackpunkt haben diese Darlehen. Sie werden meistens als nachrangige Darlehen vergeben. Sollte das Projekt scheitern und Insolvenz anmelden, steht Deine Forderung ganz hinten auf der Liste. Während Du bei Aktien oder Fonds erlebst, wie diese sinken und Du günstigstenfalls rechtzeitig die Notbremse ziehst und verkaufst, erfährst Du hier erst mit der Insolvenz, dass Dein Geld weg ist. In den meisten Fällen zu 100%, manchmal gibt es noch ein bisschen was, aber das ist dann auch nicht der Rede wert.

Monika hat einen kleinen Teil in nachrangige Darlehen investiert: *Bei Bettervest, Green City und noch ein paar anderen Firmen habe ich in nachrangige Darlehen investiert, ich stecke gerne Geld in Dinge, die die Welt in eine positive Richtung verändern. Es macht aber höchstens 5% meines Gesamtvermögens aus. Auch leihe ich immer mal befreundeten Geschäftskollegen Geld. Ich sage mal, die Erfahrungen damit sind durchwachsen.*

Rohstoffe und vieles mehr

Es gibt noch viele andere Formen, wie Du Dein Geld investieren und vermehren kannst. Du kannst in Rohstoffe investieren, Anleihen kaufen und mit Optionen spekulieren. Wenn Du anfängst, Dich für Investment zu interessieren, wirst Du im Internet und in Büchern viel

Neues entdecken. Es würde den Rahmen dieses Buches sprengen, auf alle Investmentformen einzugehen.

Geldbildung

Ich möchte Dir mitgeben, bei jedem Investment zunächst darauf zu achten, dass Du verstehst, warum es zu einer Wertsteigerung kommt. Wenn diese nur dadurch entsteht, dass im Augenblick alle ein Investment cool finden, dann ist das Risiko hoch, dass dies auch ganz schnell vorbei sein kann. Wenn Du gar nicht verstehst, warum sich das Geld in diesem Investment vermehrt oder Dir ein Berater verspricht, Du sollst ihm einfach nur vertrauen, dann lass die Finger davon. Mach Dir die Mühe zu verstehen, warum ein Investment wächst.

Außerdem ist es ratsam, den maximalen Worst-Case zu beachten bzw. gedanklich zu simulieren. Kannst Du es verkraften, wenn ein bestimmtes Investment total ausfällt? Für wie wahrscheinlich hältst Du einen Zusammenbruch des Aktienmarktes und wie würdest Du damit umgehen? Was kann im schlimmsten Fall bei Deinen Immobilien passieren? Das Ziel ist nicht die allgemeine Panikstimmung. Wahrscheinlich werden nicht alle Horrorszenarien auf einmal Realität werden. Aber mit wachem Risikobewusstsein unterwegs zu sein, hilft eine solide Investmentstrategie aufzubauen, die auch funktioniert, wenn ein Markt mal schwächelt.

Ich will an dieser Stelle auch deutlich sagen, dass ich keine Vermögensberaterin bin und als solche auch nicht wahrgenommen werden möchte. Mir geht es um Finanzwissen und einen guten Überblick der Möglichkeiten. Niemand weiß, wie sich die Märkte in den nächsten Jahren entwickeln. Es gibt Chancen und Risiken. Nichts tun ist auch ein Risiko. Aber wenn man was tut, muss jede selbstverantwortlich entscheiden, was sie tut. Ich habe hier die für mich plausiblen Anlageformen beschrieben. Kryptowährungen gehören für mich nicht dazu. Ich verstehe sie nicht. Und habe auch keine wirkliche Lust, mich damit zu beschäftigen. Genauso wie mit dem täglichen Traden mit Aktien. Aber ich kenne Kollegen, die dies begeistert tun. Du wirst sicherlich auch Deine passende Anlagestrategie finden.

Wie hoch soll das eigene Basiseinkommen sein?

Diese Frage treibt viele Menschen um. Ab wann hat man sein Ziel erreicht? Einen genauen Punkt wird man wahrscheinlich nicht definieren müssen. Es wird Stück für Stück gehen. Das Grundeinkommen wird sich langsam aufbauen. Erst hat man 50€ Dividende im Jahr, das freut einen, bedeutet aber noch nicht richtig viel. Entlastung für die eigene Kasse ist es schon, wenn monatlich 200€ aus Dividenden auf dem Konto eingehen. Die Kunst ist jetzt, durch dieses zusätzliche Geld nicht die Lebenshaltungskosten hochzuschrauben, sondern zunächst die zusätzlichen Einnahmen zu reinvestieren.

Wie hoch das eigene Grundeinkommen am Ende sein soll, ist jedem selbst überlassen. Soll es die Miete und die Kosten für Lebensmittel decken? Vielleicht noch die Kosten für Versicherung und einen kleinen Anteil der laufenden allgemeinen Kosten? Diese Frage muss sich jeder selbst stellen. Letztlich steht dahinter die Frage: Ab welchem Punkt kann ich meine Existenzsorgen loslassen? Und ich meine das wortwörtlich: Ab welchem Moment musst Du Dir keine Sorgen mehr um Deine Existenz machen?

Die Antwort wird sehr unterschiedlich ausfallen. Natürlich hängt sie von den eigenen Lebenshaltungskosten ab, die bestritten werden wollen. Sie hängt aber auch vom eigenen Sicherheitsempfinden ab. Ich hatte schon

Coachees bei mir, die waren bereits richtig vermögend, haben sich aber trotzdem nicht sicher gefühlt. Sie haben immer noch ganz sparsam gelebt. Eben weil das Sicherheitsempfinden sehr stark ausgeprägt war. Dies kann eine förderliche Motivation sein, es kann aber ab einem bestimmten Punkt auch als Last empfunden werden. Dann lohnt es sich, diese aufzulösen.

Gerne darfst Du hier und jetzt erstmal notieren, was sich als ein gutes Grundeinkommen für Dich anfühlt:

Ich hätte gerne ein Grundeinkommen von _____ € monatlich.

Nehmen wir an, Du hast 800 € notiert. Und nehmen wir weiter an, dass Du dieses Grundeinkommen in 15 Jahren aufgebaut haben willst. Dann müssen wir zunächst die 800 € auf den Kaufwert in 20 Jahren hochrechnen. Bei etwa 2% Inflation beträgt die neue Summe Deines Grundeinkommens in 20 Jahren 1070 €. Entsprechend benötigst Du bei Börsenanlagen (und vielen anderen Anlagen auch) ein Vermögen von 320.000 €. Wie ich auf diese Zahl komme? Ich nutze die 4% Regel. Sie besagt, dass man das 25fache seiner Ausgaben auf der hohen Kante braucht. Dann kann man jedes Jahr von den hoffentlich erwirtschafteten 4% leben. Will man also 1.070 € Grundsicherung im Monat haben, braucht man 320.000 € Kapital, um dieses zu investieren und die entsprechende Rendite zu erwirtschaften. Heißt auch, dass man bei einem Investment mit 7% Rendite und 15

Jahren Ansparzeit monatlich etwa 1.020 € sparen muss. Ist einem das am Anfang zu hoch, zielt man auf 20 Jahre Ansparzeit, dann beträgt der monatliche Startbetrag 625 €. Dies erscheint vielleicht erstmal viel und für viele fühlt sich der Weg steinig und entsprechend nicht erstrebenswert an. Was wir am Anfang des Weges nicht wissen, sind unvorhergesehene Momente wie Gehaltserhöhungen, gute Jahre in der Selbständigkeit, der Verkauf eines Unternehmens, Abfindungen, höhere Gehälter durch Stellenwechsel oder auch Erbschaften. Diese katapultieren uns immer ein Stückchen höher im Vermögensaufbau, besonders wenn dieses zusätzliche Geld komplett ins Investment geht. Auch Investments können sich positiver entwickeln und damit den Weg zusätzlich beschleunigen.

Am Ende steht die Altersvorsorge

Das Schöne am Aufbau des Grundeinkommens ist die am Ende stehende Funktion als Altersvorsorge. An diesem Punkt brauchen wir auf jeden Fall Kapital. Es wird gerne ausgeblendet, aber wir alle werden es brauchen. Wer also daran zweifelt, sich jemals ein Grundeinkommen aufzubauen, der beginnt Geld für die eigene Altersvorsorge zurückzulegen. Die sogenannte Rentenlücke ist erheblich. Gut, es kommt dann die Vorstellung, dass wir weniger Geld im Alter brauchen. Wenn ich meine Eltern um die 80 und auch andere ältere Menschen betrachte, dann frage ich mich immer, wo brauchen diese Menschen weniger Geld im Leben? Solange sie fit sind, machen sie ausgedehnte Reisen, sind sie nicht mehr so fit, geht viel Geld für gesundheitserhaltende Maßnahmen und in zahlreichen Fällen für die Pflege drauf. Beide Lebenssituationen sind alles andere als günstig.

Rede ich dagegen in meinen Coachings mit Menschen zwischen 30 und 40 und spreche das Thema Altersvorsorge an, bekomme ich spannende Antworten: „Ich werde als Selbstversorgerin in Brandenburg leben", „Darum kümmere ich mich später", „Mir wird die Altersgrundsicherung schon reichen, mehr kann ich eh nicht sparen", „Ich arbeite, bis ich tot umfalle". Um es drastisch zu beschreiben, es sind alles blumige Beschreibungen von Altersarmut. Nichts Anderes. Das Aufschieben des Aufbaus einer eigenen Altersvorsorge auf spätere, bessere Zeiten ist fatal. Einfach weil der Zinses-Zins nicht mehr arbeiten kann. Mit 25 Jahren 100 € im Monat zu sparen, mag schwer erscheinen, bringt aber bis zur Rente ein Vermögen von knapp 300.000 €. Beginnt man erst mit 45 zu sparen und will auch auf diese 300.000 € kommen, bedarf es bereits 480 € monatlicher Sparbetrag. Ich habe übrigens beide Rechnungen mit einem Zinssatz von 7% gerechnet. Ein Zinssatz, den viele klassische Altersvorsorgeprodukte wie Lebensversicherungen nicht erwirtschaften werden.

Nun hören sich die 300.000 € in Deinen Augen vielleicht nach sehr viel Geld an. Nehmen wir an, Du wirst 100 Jahre alt – als eine Obergrenze, bis zu der das Geld reichen soll. Dann kannst Du nach der 4% Regel im Monat 1.350 € entnehmen und das Geld ist kurz vor Deinem 100sten Geburtstag schlicht aufgebraucht.

Diese Sorgen hat mir konkret Monika geschildert, was tun, wenn das Geld mit 100 nicht reicht und ob sie sich erlauben kann und darf heute schon ihr Grundeinkommen zu verwenden: *Die normalen Lebenshaltungskosten werden durch die Miet-, Zins- und Dividendeneinnahmen finanziert. Manchmal bin ich da allerdings nicht so trennscharf. Ich habe beispielsweise Geld in Energieanlagen investiert. Die Rückzahlungen umfassen einen Teil Zinsen und einen Teil Tilgung. Sie kommen aber gemeinsam auf meinem Konto an. Wenn wir es gerade brauchen, geben wir es aus. Wenn was überbleibt, dann investiere ich es wieder. Wenn es also nicht übrigbleibt, dann habe ich mein Erspartes angegriffen. Was jetzt auch nicht super schlimm ist. Ich könnte mein Grundeinkommen ja auch anders definieren und finanzieren. Nicht nur mit Hilfe von Kapitalerträgen sondern im Ausgeben meines Kapitals. Ich habe keine Kinder, also keine direkten Erben. Ich könnte mein Vermögen also auch ausgeben. Trotzdem fühlt es sich besser an, nur die Kapitalerträge auszugeben und nicht das Kapital anzugreifen. Einfach weil ich nicht weiß, wie alt ich werde. Gebe ich mein Geld aus und werde dann doch älter, wird es beispielsweise schwer mit 95 nochmal neues Geld zu verdienen. Von daher versuche ich schon, möglichst selten an meinen Kapitalstock zu gehen und bemühe mich, Verluste durch Arbeitseinkünfte wieder auszugleichen. Aktuell fällt mir das ja noch nicht so schwer. Und die Situation im Alter dann kein Geld mehr zu haben, macht mir tatsächlich ein bisschen Angst. Ich möchte nicht mit 95 in einem schlecht finanzierten Pflegeheim sitzen müssen und mich daran erinnern, dass ich mit 50 doch gut noch ein paar Jährchen hätte arbeiten können, um jetzt nicht in einer so misslichen Situation zu sein.*

Dies ist kein Buch über eine passende Altersvorsorge. Ich versuche eher Dir einen weiteren Grund zu geben, jetzt mit dem Aufbau Deines Grundeinkommens anzufangen. Jetzt zu sparen und zu investieren. Denn das Gegenargument: Ich lebe lieber und arbeite halt viel, dann kann ich auch viel ausgeben, zählt nicht, wenn es am Ende um den Aufbau eines Kapitalstocks für die Altersvorsorge geht. Bist Du damit gut und laufen Deine Investments gut, hast Du Dir schon früher ein Grundeinkommen aufgebaut. Läuft es nicht ganz so gut, hast Du immerhin ein gutes Vermögen für das Alter angespart.

Ich lebe lieber jetzt!

Dieses Gegenargument höre ich immer wieder! Von Menschen um die 30 und 40. Nicht so sehr von Menschen, denen mit 60 auffällt, dass sie nicht aufhören können zu arbeiten, weil die Altersvorsorge ausfällt. Natürlich sterben Menschen und erreichen die Altersvorsorge nie. Das ist nicht vorhersehbar. Aber wenn Du nicht mit einem expliziten Selbstmord im hohen Alter rechnest, dann kann es sein, dass Du die Zeit nach der Erwerbsarbeit noch erlebst. Leider ist es bei Eintritt ins hohe Alter – so ca. ab 80 oder 85 Jahre – zu spät, Deine „Ich lebe lieber jetzt" - Gedanken aus der Altersphase 25 oder 35 zu korrigieren.

Die Angst vor einem anderen Leben

Ein anderes Leben zu leben als alle anderen kann Angst machen. Mit einem Grundeinkommen im Hintergrund bist Du in der Lage Entscheidung zu treffen, die können andere Menschen einfach nicht treffen. Dies bringt Dich auf der einen Seite in eine sehr privilegierte Lage. Auf der anderen Seite gibt es hier nur wenige Vorbilder. Im Gegenteil. Du wirst viele Stimmen hören, die Dich davor warnen, drastische Veränderungen vorzunehmen. Man kündigt nicht einfach in Deutschland. Man entscheidet sich nicht einfach für eine Selbständigkeit, das ist viel zu unsicher. Und Unternehmen gehen ständig pleite. Viele Menschen können sich einfach nicht vorstellen, ein eigenes selbstbestimmtes Leben zu leben. Sie können sich dies für sich selbst nicht vorstellen und analog werden sie Dir diesen Werdegang und diese Entwicklung auch nicht zugestehen. Wann immer Du warnende Botschaften von außen erhältst, nehme sie erst mal als Ich-Botschaften der anderen Person wahr. Sie warnen nicht Dich, sie warnen sich selbst. Was würden wir tun, wenn wir keine Angst hätten? Die Welt würde sich massiv verändern. Viele Menschen sind mit Angst aufgewachsen, sie steckt in ihren Genen und in ihren Knochen. Natürlich geben sie diese an Dich weiter.

Nun sind wir selbst ja auch nicht auf einem anderen Stern aufgewachsen. Entsprechend haben wir in unterschiedlichem Umfang auch selber Angst. Wir müssen selbst einen Weg finden diese zu überwinden. Das ist nicht immer einfach. Die Ängste sind vielfältig. Sie konzentrieren sich besonders an Punkten der Veränderung. Dazu Monika: *Für mich war ein großer zentraler Wendepunkt die Kündigung meiner Festanstellung. Damals hatte ich nur ein minimales Grundeinkommen, meine Mieteinnahmen wurden schon noch zu einem Großteil von meinen Kreditzahlungen aufgefressen. Trotzdem hatte ich das starke Gefühl, dass ich in Zukunft als freiberufliche Beraterin würde arbeiten wollen. Gegen dieses Gefühl stand meine Angst. Die Angst einen Fehler zu machen, den ich nicht rückgängig machen könnte. Die Angst, es nicht zu schaffen. Es war wirklich schwer und ich bin mit diesem Gedanken einige Jahre unterwegs gewesen, bis ich mich endlich getraut habe. Ausschlaggebend war sicherlich mein Verkehrsunfall, bei dem ein guter Freund gestorben ist. Das hat mich wachgerüttelt. Wir sind nicht nur auf dieser Erde, um das zu machen, was Andere von uns erwarten. Und noch wichtiger: Wir haben nur begrenzt Zeit. Dabei wissen wir nicht mal wieviel Zeit uns noch bleibt. Diese schockierende Erfahrung hat mich dann doch dazu bewogen, meine Kündigung abzugeben.*

Sehr kurios habe ich die Zeit nach der Kündigung in Erinnerung. Alle haben mich behandelt, wie einen Alien. Es konnte sich keiner vorstellen, dass ich eine gut bezahlte, unbefristete Stelle einfach so aufgebe. Für den vagen Wunsch mich selbständig zu machen. Ich habe damals nicht realisiert, wie sehr ich meine Kolleginnen und andere Mitmenschen an ihre eigenen Grenzen gebracht habe.

Vincent sieht seine unterschiedlichen Angstbereiche. Ob dies zu einer Veränderung in seinem Leben führen wird, werden wir sicherlich in der Zukunft auf seinem Blog freaky finance erfahren: *Per Definition habe ich längst ein Grundeinkommen, eher sogar die finanzielle Freiheit (passives Einkommen ist höher als die Ausgaben) erreicht. Nur lebe ich mein Leben noch nicht so wie ich es mir eigentlich selbst vorstelle. Das hat verschiedene Gründe. Da ist die Angst, dass das Ganze nur eine Momentaufnahme ist. Bleibt der Status auch nach dem nächsten wirklich großen Börsencrash, nach einer massiven Abwertung der Immobilienpreise oder den ersten Pleiten von P2P-Plattformen, die mich betreffen, erhalten?*

Rational denkend weiß ich, dass ich durch meine Diversifikation einen guten Schutz aufgebaut habe und dass Dividenden und Mieten nicht ins Bodenlose fallen werden, nur weil die Aktien und Immobilien weniger wert sind. Aber dieses enorme Sicherheitsdenken habe ich noch nicht ganz überwunden, obwohl ich mit den Anlageklassen, in die ich investiere auch teilweise in der Abteilung „hohes Risiko" unterwegs bin. Der Widerspruch ist mir bewusst! Ich könnte sicherlich ein ganzes Stück weit lockerer werden. Damit verknüpft ist auch, dass ich diesen Arbeitszwang dermaßen verinnerlicht habe, dass es gar nicht so einfach ist gute Chancen auch mal sausen zu lassen und mich dadurch zu entlasten. Aus alter Gewohnheit nehme ich noch immer fast jede Gelegenheit mit, mein Vermögen zu vergrößern. Leider ist das eben oft auch mit Arbeit und sogar Stress verbunden. Davon muss ich mich freimachen.

Ich gehe aktuell davon aus, dass das nötige Vermögen angehäuft ist. Ziel ist es nun bis spätestens zum Ende meiner Auslands-Entsendung die oben angesprochenen Dinge so zu regeln, dass ich tatsächlich noch mehr nach meinen Vorstellungen leben kann und meine Freiheit deutlicher spüre.

Mach Dich auf den Weg!

Egal, wie schnell Du ein Grundeinkommen aufbauen willst, egal wie reich Du werden willst oder etwas fürs Alter sparen willst. Mach Dich jetzt auf den Weg! Jeder verschwendete Monat, jedes verschwendete Jahr macht sich später blöd bemerkbar. Fange an, Dich für Finanzen und Investments zu interessieren. Investiere die ersten kleinen Beträge, lass Dich von Rückschlägen nicht entmutigen, sondern lerne aus diesen. Und komme nicht mit dem Argument, dass dies nur für andere möglich ist. Dazu erzählte mir Robert: *Wir sind vor ziemlich genau elf Jahren nach Deutschland gekommen. Wir hatten gemeinsam nicht mehr als 3 bis 4.000 € in unseren Taschen, und ich habe noch zwei Jahre studiert, während*

Emma schon gearbeitet hat. Wir haben es in zehn Jahren geschafft, finanziell unabhängig zu werden. Ich denke, die meisten Deutschen wären dazu auch in der Lage! Die Hürden dazu sind weniger realer, sondern eher mentaler Natur.

Natürlich habe ich alle meine Gesprächspartner nach ihren besten Tipps gefragt. Um Deine Motivation maximal zu steigern. Mit den Antworten haben sich die meisten recht schwergetan. Einfach weil keiner seinen Weg als einen allgemeingültigen Weg verstanden wissen will. Dennoch haben sie alle geantwortet und auch wenn es eben nicht „Rezepte" sind, so dienen sie hoffentlich als Motivation für Dich, selbst aktiv zu werden. Auch daran zu glauben, dass es möglich ist, dass gängige Lebensmodell selbst etwas zu durchbrechen.

Als ich Robert um seine Tipps bat, wurde dies nochmal ein längerer Gesprächsteil. Der aber viele wichtige Bereiche enthält, die ich in seinen Worten gerne nochmal hier aufführe: *Es lässt sich eigentlich sehr gut zusammenfassen: sparen und gleichzeitig das Einkommen steigern. Beim Sparen kann und sollte man viel machen. Bei mir ging es immer nur darum, an Sachen zu sparen, die mir eigentlich eh nicht so wichtig sind. Auf Dinge, die mich wirklich glücklicher oder produktiver machen, möchte ich nicht verzichten. Sparen ist jedoch begrenzt, da die Ausgaben, egal wie hoch, begrenzt sind.*

Beim Einkommen sieht es anders aus. Das ist nämlich unbegrenzt! Genau das ist es, was ein „Durchschnitts 9 to 5-Jobber" nicht versteht. Der aktuelle Arbeitgeber kann zwar das Gehalt begrenzen, aber auf Nebenverdienste wird niemand Grenzen setzen! Niemand kann einen dran hindern, nachzudenken und Ideen zu haben, wie man mit wenig Zeitaufwand viel Geld verdienen kann. Solche Ideen gibt es genug, man muss sich nur umschauen.

Ich würde folgende Punkte hervorheben:

*1. **Ziel setzen:** Ich bin davon überzeugt, dass das der wichtigste Punkt ist. Obwohl es sich vielleicht banal anhört, der Hauptgrund, wieso die meisten Menschen finanzielle Ziele in jungen Jahren nicht erreichen ist, dass sie sich diese nie als Ziel gesetzt haben. Man kann kein Lotto-Millionär werden, wenn man kein Lotto spielt, schon gar nicht, wenn man Lotto gar nicht kennt. Genauso wenig kann man finanziell unabhängiger werden, wenn man sich nicht vorstellen kann, dass es überhaupt möglich ist und es nie anstrebt.*

*2. **Kosten tracken und daraus lernen:** Die aktuellen und prognostizierten Kosten sind absolut entscheidend, wie man sein finanzielles Ziel erreicht. Ich habe meine Kosten schon während des Studiums im Auge behalten und Excel Listen geführt über jede einzelne Transaktion. Egal, ob ich ein Bier oder ein Flugticket gekauft habe. Ich habe alles reingeschrieben und kategorisiert. Später konnte ich auch Emma überzeugen, das gleiche zu tun und wir haben dann über Smartphone-*

Apps unsere Kosten und Einkommen protokolliert. Am Monatsende haben wir die Zahlen zentralisiert und wissen damit auf den Cent genau, wohin unser Geld verschwindet. Das ist ein Automatismus geworden, und nachdem wir das alles optimiert haben, nimmt es auch wenig Zeit in Anspruch. Wir tun das immer noch gerne. Tracken ist schön, um aus den Daten zu lernen - das eigene Verhalten zu ändern, ist das eigentliche Ziel damit.

*3. **Auf Diversifikation achten.** Nicht alle Eier in einem Korb legen! Zwar sehen das viele anders, für mich ist aber der Aktienmarkt auch nur ein Korb.*

*4. **Ein eigenes Business starten.** Das hört sich erstmal groß und für viele erschreckend an, muss es aber nicht sein. Darunter verstehe ich alles von regelmäßigen Nebeneinkünften bis hin zu einem Startup mit Potential auf eine mehrfache Millionenbewertung. Man kann und sollte klein anfangen und mit einem Hobby Geld verdienen. Skalierbarkeit sollte man aber nicht vergessen. Wenn ich von Anfang an weiß, dass ich mit meiner Geschäftsidee höchstens 500 € pro Monat verdienen kann und dabei viel Zeit in ungeliebte Arbeit stecken muss, dann sollte ich es lieber lassen und mit etwas Effizienterem anfangen. Unsere Zeit ist sehr begrenzt. Eine grobe Einschätzung vor dem Start eines Business macht hier großen Sinn.*

Ein Business kann einen von null in kürzester Zeit in die finanzielle Unabhängigkeit katapultieren. Es gibt Geschäfts-

ideen, bei denen braucht es nicht mal Startkapital. Beispielsweise Vermittlungsgeschäfte. Personalvermittler verdienen schönes Geld, indem sie Bewerber mit Firmen in Kontakt bringen. Dafür brauchen sie ein Telefon, Internet und Zeit. Nicht viel mehr. Kein Kapital. Ein anderes Beispiel ist der Vertrieb. Besonders im IT Bereich kann man 20 bis 40% Provision verdienen, indem man Geschäftskunden für ein Software-Abo findet. Klar, man muss die Softwarelösung kennen und verkaufen können, beides kann man jedoch lernen. Ob sich das lohnt? Naja, man verkauft einmal und bekommt jährlich die Provision, solange der Kunde Kunde ist. Kein Risiko. Kein Investment. Nur Zeit. Genau diese Option hatte ich bei einem Kunden gehabt. Alles kann und will ich aber nicht machen. Wenn eine Geschäftsidee scheitert, ist das nicht das Ende der Welt. Man kann daraus nur lernen und das sind die besten Lektionen.

*5. **Der Faulheit den Krieg erklären!** Wie wär's damit: Statt jeden Abend nach der Arbeit 2-3 Stunden fernsehen, lieber etwas lernen, was Spaß macht und Potential zum Geld verdienen hat. Webseiten bauen, Online Marketing, Suchmaschinenoptimierung, Social Media Marketing, Google AdWords u.v.m. sind alles Sachen, die man in wenigen Wochen gut lernen kann. Klar braucht man Erfahrung, aber man braucht sicherlich kein Studium um auf Freelancer-Basis im Online Marketing unterwegs zu sein.*

*6. **Es einfach tun!** Nicht zu viel nachdenken. Nicht viel warten. Machen!*

Melanie gibt Dir folgenden Rat mit auf den Weg: *Einfach anfangen. Mut zur Bank zu gehen und nach einer Hypothek fragen. Schnell tilgen. Man braucht Motivation, ein Ziel, fleißig sollte man zudem sein, sparsam und auch Ausdauer haben. Oft habe ich von Bekannten gehört „Du hattest einfach nur viel Glück gehabt". Da ist natürlich was dran. Ich hatte immer gute Mieter. Das kann man aber beeinflussen, indem man qualitativ gute Wohnungen kauft.*

Ich bin davon überzeugt, dass, wenn man ein Ziel vor Augen hat und dieses dann unbedingt erreichen möchte, man alles daransetzt, dieses auch zu erreichen. Finanzielle Ausgaben jeglicher Art werden überprüft. Zudem ist Sparsamkeit sehr wichtig, wenn man so wie ich, nur zu den Durchschnittsverdienern gehört. Im Job habe ich auch immer mehr geleistet als andere. Meist zahlt sich das aus, z.B. durch Beförderung oder mehr Geld oder auch nur spannende Projekte. Zudem ist es wichtig durchzuhalten. Erfolge motivieren da unglaublich.

Nie mehr Existenzsorgen!

Irgendwann steht Deine Grundsicherung. Bei einigen Menschen früher, bei anderen später. Da es sich in der Regel Stück für Stück aufbaut, wirst Du Dein eigentliches Ziel gar nicht so genau mit einem Stichtag wahrnehmen. Du gewöhnst Dich daran, dass jeden Monat Geld auf Dein Konto eingeht, dass Immobilien oder Dein Depot im Wert steigt oder das Du Zinszahlungen erhältst. Es wird sich auch mit den Jahren eine Geldanlagekultur entwickeln. Der Suchprozess wandelt sich bei zusätzlichem Gewinn von der Frage: „Was kann ich mir dafür kaufen?" in die Frage „Wie kann ich dies Geld gerade am besten investieren?".

Bei den Menschen, mit denen ich sprechen durfte, gab es unterschiedliche Schlüsselmomenten, an denen ihnen deutlich wurde, dass sie nicht mehr oder nur noch deutlich reduzierter für Geld arbeiten mussten. Das heißt im Übrigen nicht, dass es zu einer Veränderung gekommen ist. Vincent arbeitet weiterhin für seinen Großkonzern und fühlt sich in seiner beruflichen Situation aktuell (noch) wohl: *Im Augenblick mag ich meine berufliche Situation nicht verändern. Ich habe mich jahrelang hart hochgearbeitet und es geht mir nun bei vergleichsweise hohem Gehalt in meiner Position ganz gut. Ich habe echt nicht mehr viel auszustehen. Ich würde es als Quatsch empfinden, das aufzugeben. Wenn sich die Rahmenbedingungen ändern oder ich eine Abfindung angeboten bekomme,* so die Überlegung, *kann ich das immer noch machen.*

Jetzt nach meiner Rückkehr habe ich aktuell einen 28 Stunden Vertrag, ich arbeite nur von Montag bis Donnerstag. Ich werde in den nächsten Jahren versuchen die Stunden weiter zu reduzieren und mal ein Jahr oder immer einige Monate Auszeiten zu nehmen. Wenn ich dann gar keine Lust mehr auf den Hauptjob habe und das passive Einkommen immer noch reicht, hau ich vielleicht in den Sack!

Emma und Robert haben diesen Moment erst gar nicht gemerkt und auch die Veränderungen im Leben traten dann erst sehr langsam ein:

Robert: *Unser Plan war, dass unsere passiven Einkünfte unsere Kosten Anfang 2020 decken würden, nachdem alle Kredite getilgt wären. Mitte 2015 habe ich mit meiner Excel Tabelle rumgespielt und gemerkt, dass es soweit ist. Nicht nur das, wir waren bereits seit einigen Monaten finanziell unabhängig! Natürlich habe ich das ganze mehrmals überprüft, bevor ich es Emma gezeigt habe. Wir konnten keinen groben Denkfehler oder Rechenfehler entdecken! Wow!*

Was habe ich anders gerechnet? Bei der ersten Rechnung hatten wir unsere Ausgaben falsch eingeschätzt. Da wir die Kosten seit vielen Jahren genau tracken, konnte ich hier genau nachprüfen, dass die echten Ausgaben niedriger sind. Wir hätten gleich 2015 aufhören können, zu arbeiten. In der Theorie war das eine schöne Nachricht. Dennoch haben wir uns dagegen entschieden, gleich alles hinzuschmeißen und nicht mehr zu arbeiten. Wir fühlen uns mit einem signifikanten Puffer deutlich besser.

Emma: *Es dauerte dann aber noch ziemlich lange, bis wir was verändert haben. In dem Moment als Robert dies feststellte, haben wir erstmal nichts gemacht. Wir kamen in eine Art Anti-Klimax. Man hat sein Ziel erreicht, aber von sich aus, ändert sich gar nichts. Die Veränderungen muss man selbst veranlassen.*

Nach meiner Elternzeit wollte ich nicht mehr in meine bisherige Firma zurückkehren. Ich wollte mich selbständig machen und etwas Neues ausprobieren. Dazu habe ich viele Gedanken gehabt, vieles durchgespielt und auch einiges verworfen. Beispielsweise habe ich gemerkt, dass ich nicht ortsgebunden arbeiten würde wollen. Wir könnten nicht einfach so mehrere Monate nach Rumänien fahren oder schnell in Schottland eine Hochzeit besuchen. Ohne den Druck arbeiten zu müssen, mache ich tatsächlich nach Lust und Laune dieses und jenes – habe aber die Freiheit, immer zu schauen, ob mir mein Tun noch Spaß macht oder ob es einem mir wichtigen Zweck dient.

Melanie fand ihren Ausstieg aus dem angestellten Arbeitsleben durch eine Veränderung in der Firma: *Bis vor zwei Jahren hatte ich noch einen 9-to-5 Job. Dann bekam ich die Möglichkeit, eine Abfindung zu bekommen mit einer zweijährigen Transfergesellschaft. Somit konnte ich meine Verbindlichkeiten bei den Banken nahezu tilgen. Die Unabhängigkeit von Banken ist mir schon wichtig. Mit der Abfindung und dem Eintritt in die Transfergesellschaft war nun klar: „Es ist geschafft!". Nun kann ich arbeiten gehen, muss es aber nicht. Das ist schon Luxus.*

Monika hatte durch eine Schenkung ihres Vaters plötzlich ihr Ziel erreicht: *Ich erinnere mich noch genau an das Telefonat mit meinem Vater, in dem er mir ankündigte, dass er mir gerne Geld zahlen würde, damit ich meine Kredite tilgen könnte. Ich habe mir nach dem Telefonat meinen Kreditordner aus dem Regal genommen und gerechnet. Mit meinen eigenen Rücklagen würde ich es dann schaffen, einen größeren Kredit komplett zu tilgen. Dann gab es nur noch kleinere und ich wusste, ich werden jeden Monat etwa 1500 € Mieteinnahmen haben. Genug, um davon zu leben.*

Ich habe zu diesem Zeitpunkt schon freiberuflich gearbeitet. Aber noch mit der gewissen Hektik unsicherer Freiberufler. Ich habe so ziemlich alles angenommen, auch Aufträge, die mir nicht so viel Spaß bereitet haben. Es hat tatsächlich einige Tage gedauert, bis bei mir ankam, dass ich jetzt nur noch die Sachen machen musste, auf die ich Lust hatte. Zum Teil dauerte es dann noch Monate, bis ich die alten Kunden los war. Ich kann mich noch gut erinnern, wie ein potentieller Kunde mir einen möglichen Auftrag ausführlich geschildert hatte und schwer beleidigt war, als ich einfach ablehnte. Obwohl er mir ein finanziell ausgesprochen großzügiges Angebot gemacht hatte. Aber ich wusste, dass das einzig reizvolle an dem Auftrag die Kohle gewesen wäre. Und solche Aufträge wollte ich einfach nicht mehr annehmen. Trotzdem kam ich mir auch selbst im ersten Augenblick sehr arrogant vor.

Die Diskussion um das Grundeinkommen geht auch immer um die Frage, ob Menschen wohl noch arbeiten, wenn sie dies nicht mehr tun müssten. Die meisten geben bei Befragungen zum bedingungslosen Grundeinkommen an, dass sie selbst weiterhin aktiv sein würden, der Nachbar aber bestimmt auf der faulen Haut liegen bleiben würde. Ein klassisches Neidphänomen. Wir reden hier aber nicht vom Nachbarn, sondern nur von Dir. Denn nur Du bringst die Energie auf, Dir ein eigenes Grundeinkommen zu schaffen. Der Weg dahin wird Kraft kosten. Er wird Dir Entscheidungen abverlangen, die viele andere Menschen nicht fällen würden und die sie auch nicht verstehen werden.

Im Gegensatz zur kompletten finanziellen Freiheit, also der Deckung aller Lebenshaltungskosten durch passive Einkünfte, stellt das Ziel der Grundsicherung eine Basisabsicherung da. Ich bin überzeugt, dass Du weiterhin einer Beschäftigung nachgehen willst. Vielleicht nicht immer, aber immer wieder. Melanie war zum Zeitpunkt meiner Gespräche die einzige, die keiner Beschäftigung nachging. Sie hörte sich im Gespräch nicht richtig glücklich an. Auf die Frage nach dem Sinn, zu arbeiten oder irgendeiner Aufgabe nachzugehen, antwortete sie mir:

Genau diese Frage ist die Schwierigste von allen. Ich hätte auch nicht gedacht, dass ich mich mit dieser so schwertun würde. Nur Gassi gehen und Eiscafé bringt es auf Dauer auch nicht. Aber es sollte auch was sein, was Spaß macht. Wo keiner mir vorschreibt, wann ich was wo zu erledigen habe. Von daher schwebt mir eine kleine Selbstständigkeit vor. Wie sich das entwickeln wird, weiß ich noch nicht.

Alle anderen haben sich im Laufe ihres Lebens wieder Tätigkeiten gesucht, die Spaß machen. Nicht wirklich überrascht hat mich, dass kaum jemand noch angestellt arbeitet. Bei den meisten Angestelltenverhältnissen dominiert der Tausch Geld gegen Zeit. Und damit tauscht man auch sehr die eigene Entscheidungsfreiheit ein. In einer Stelle mehr, in anderer Stelle weniger. Wenn dann der Satz von der Chefin fällt: „Ich möchte, dass Sie das so machen" und man selber dieses Arbeitseinkommen nicht braucht, kommen früher oder später Gedanken an die Kündigung. Um nicht zu sagen, Menschen die wirklich erfüllt ihrer Arbeit nachgehen, die werden wahrscheinlich nicht mal auf den Gedanken kommen, die Anstrengung des Aufbaus eines Grundeinkommens auf sich zu nehmen. Jill, die Frau von Brandon, konnte lange das Ziel ihres Mannes finanziell frei zu werden, nicht teilen. *Jill hat mein Ziel immer gekannt, aber es war nicht ihrs. Sie liebt ihren Job und hat keinen Sinn darin gesehen, 70 oder 80 % ihres Gehaltes zu sparen, wenn im nächsten Monat schon wieder Geld kommt und sie auch keine Ambitionen hatte, ihre Stelle irgendwann zu kündigen. Sie ist Optometristin und hilft Tag für Tag Menschen besser zu sehen. Sie kann im wahrsten Sinne des Wortes sehen, wie sie Menschen das Leben erleichtert, und das macht ihr großen Spaß und gibt ihrer Stelle einen Sinn.*

Vor einigen Jahren haben wir angefangen, uns über unser perfektes Leben auszutauschen, wie dieses so aussehen sollte. Das war ein langer Prozess, wir haben eine ganze Zeit an dieser Frage gebastelt. Wir kommen ja aus zwei verschiedenen Ländern und wir reisen beide sehr gerne. Ein perfektes Leben umfasst für uns Zeit mit beiden Familien und Zeit, um neue Länder zu entdecken. Jill erkannte irgendwann für sich, dass sie nicht ganz aufhören müsste zu arbeiten, aber dass Auszeiten für längere Reisen viel einfacher mit einem guten finanziellen Puffer zu realisieren sind. Nach diesem gedanklichen Schritt hat sich ein großartiger Wandel bei ihr vollzogen. Sie spart mit und wir können jetzt jedes Jahr eine dreimonatige Reise durch die Welt antreten. Ihre Verhandlungen mit ihrem Arbeitgeber waren anders als sonst. Sie musste nicht als Bittstellerin antreten und fragen, ob sie bei der ersten längeren Reise einen längeren unbezahlten Urlaub nehmen dürfte. Sondern sie konnte auf Augenhöhe verhandeln. Wenn es geht, würde sie zurückkommen, sonst halt nicht. Der Arbeitgeber hat übrigens zugestimmt, wir werden das sicherlich noch häufiger machen. In jedem Fall wird sie im Frühjahr dort wieder arbeiten.

Ich finde, dieser Gedankengang von Jill macht sehr gut deutlich, wofür ein Grundeinkommen sehr hilfreich sein kann, selbst wenn man jeden Tag gerne zur Arbeit geht. Man kann einfach freier verhandeln, wenn diesmal nötig ist.

Andere rutschen immer mehr in eine neue selbstgewählte Erwerbsarbeit. Christian war ursprünglich Polizist. Er fand seinen Beruf okay, über die Elternzeit und sein Grundeinkommen hat er seine Leidenschaft für Immobilien entdeckt: *Nachdem ich selbst so viel über Immobilien gelernt habe, habe ich in den letzten Jahren auch bereits um die 30 Leute zur ersten Immobilie und darüber hinaus begleitet. Eine Sache, die mir unheimlich Spaß macht. Ich habe auch schon für Privatleute und Finanzvertriebe Immobilien-Schulungen gehalten und mittlerweile, nach ein paar Artikeln über mich, trudeln auch Anfragen für größere Schulungen und Seminare bei mir ein. Auch etwas, was mir durchaus sehr Spaß machen würde. Aber das muss sich mit der Zeit zeigen, ob und wie sich das darstellen ließe. Ich will ja nicht aus dem einen Full-Time-Job raus und dafür in einen anderen wieder hinein. Ansonsten sammle ich alte Luxus-Uhren, die sich auch als hervorragendes Investment herausstellen können. Und ich versuche – das ist wieder das Wichtigste und der Hauptantrieb – viel Zeit mit meiner Frau und den Kindern zu verbringen. Wenn ich am Montagmorgen auf unserer Frühstücksterrasse sitze, wenn die meisten anderen im Stau im Berufsverkehr stehen, und gemütlich eine Tasse Espresso trinke, weiß ich wieder, warum wir den Immobilien so dankbar sind.*

Heute, bereits einige Zeit nach unserem Interview, hat Christian eine GmbH gegründet, die bei Immobilienkäufen berät. Er ist seiner Leidenschaft immer mehr gefolgt und geht dieser heute immer „hauptberuflicher" nach.

Auch Lars schildert mir in unserem Gespräch den Wechsel von seiner Stelle als Angestellter zum Unternehmer sehr anschaulich und plausibel als einen spannenden Prozess über einige Jahre: *Na ja, das war auch ein Prozess. Ich habe damals gerne als Führungskraft gearbeitet. Teilzeit war leider keine Option. Obwohl ich mit dem Gedanken zuerst gespielt habe, aber je mehr ich darüber nachgedacht habe, ist auch der Gedanke gereift, ganz aufzuhören. Dann kamen einige Sachen zusammen. Ich war zeitweilig krank und einige Rahmenbedingungen in der Firma hatten sich verschlechtert. Mit der Krankheit hätte ich natürlich als Angestellter auch anders umgehen können. Krankschreiben wäre eine Option gewesen. Aber ich habe am Heilungseffekt gezweifelt, weil ich mir nicht ausreichend Zeit gegeben hätte, ohne immer das schlechte Gewissen zu haben, dass die Anderen gerade für mich mitarbeiten müssen und. So habe ich dann Anfang 2015 die Entscheidung gefällt, zu kündigen. Mir war der saubere Schnitt wichtiger als rumzueiern. Obwohl der Schritt natürlich wirklich schwierig war. Meine erste freie Zeit fiel dann auf das Frühjahr, und ich habe die ersten Monate tatsächlich wenig gemacht. Ich habe ein bisschen für meinen Blog geschrieben, bin Fahrrad gefahren und habe mich ausgiebig und in aller Ruhe von meiner Krankheit erholt.*

Nach drei Monaten war es gut mit dem Müßiggang. Ich habe mich ein bisschen wie in einem Vakuum gefühlt. Vorher hatte ich immer viel Kontakt mit meinen Kollegen, dies war jetzt alles nicht mehr. Mein Leben hatte sich sehr verändert. Ich brauchte neue Herausforderungen, obwohl doch alles gut war, ich genug Geld hatte. Ich habe dann wieder ein Buch geschrieben, diesmal mit dem Schwerpunkt auf Aktien. Es war eine schwere Geburt, weil es doch viel länger gedauert hat, als ich dachte. „Wohlstand durch Aktien" wurde dann ein weiterer Meilenstein in meinem Beitrag zur finanziellen Bildung, was sich zunehmend als meine neue Leidenschaft herausstellte. Das Thema meine ich, es ist mir super wichtig. Ich finde, es wissen viel zu wenige Menschen, wie unser Finanzsystem funktioniert und wie sie da mitspielen können. Alle haben Angst davor, aber nur wenige wissen, wie es geht. Stattdessen strampeln sie alle munter in ihrem Hamsterrad und meckern, wenn wieder Montag ist. Und zwar nicht nur, weil ich damit Geld verdienen will. Ich möchte einfach Wissen in die Welt tragen und freue mich dabei riesig, wenn ich selber viel dazulernen kann.

Im Herbst 2015 wurde dazu bei mir auch nochmal ein extra Schalter umgelegt. Ich hatte damals ein Motivationsseminar „No-Limits" von Marc M. Galal besucht und verstanden, wie sehr wir uns mit unseren eigenen Glaubenssätzen selbst limitieren. Das war ein richtiger Durchbruch für mich. Der Gedanke, dass man alles machen kann und es keine wirklichen Begrenzungen gibt. Da habe ich dann auch angefangen, meine Notfallgedanken an eine neue feste Stelle loszulassen.

Nach dem Seminar habe ich angefangen, Lehrvideos fürs Internet zu erstellen. Hätte ich mir vorher nie vorstellen können, dass ich sowas mal machen würde. Ich hatte am Anfang auch keine Ahnung, wie das geht. Das herauszufinden, war toll. So gibt es immer wieder neue Entdeckungen. Im weiteren Verlauf habe ich zwei Online-Kurse, einen zum Geldwissen allgemein und einen zum Aufbau eines Aktiendepots, konzipiert und verkauft. Dabei gebe ich meine Erfahrungen wieder, die vorher einige von mir auch persönlich wissen wollten, wie man sein Depot aufbaut. Das war erst so als Finanzcoach, dann als Onlinekurs, und dann habe ich mir Schritt für Schritt erlaubt, nicht nur leise von meiner Finanzakademie zu träumen, sondern diese wirklich aktiv anzugehen und dann tatsächlich an den Start zu bringen.

Mittlerweile ist die Passiver Geldfluss Academy bereits das zweite Jahr am Markt und die Anzahl der Menschen, die sich darin gleichzeitig finanziell weiterbilden hat fast die Zahl 100 erreicht. Die Arbeit für meine Finanzakademie füllte mich im Winter 2016/2017 voll aus und es macht mir nichts aus, wenn ich an manchen Tagen 8 bis 12 Stunden an meinem neuen Projekt arbeite. Ich betrachte es bloß nicht als Arbeit. Alles was ich da mache, ist super spannend und bringt mich auch selbst voran. Ich könnte es auch Hobby nennen. Solange ich noch angestellt gearbeitet habe, habe ich diese Arbeiten abends und am Wochenende gemacht. Da habe ich sie ganz selbstverständlich als Hobby wahrgenommen. Jetzt mache ich sie halt den ganzen Tag. Damals in der Doppelbelastung habe ich allerdings schon gemerkt, dass ich das nicht ewig durchhalte.

Wie kann ein gutes, anderes Leben aussehen?

Diese Frage ist sehr, sehr individuell. Solltest Du selbst ein Leben mit Grundeinkommen anstreben, dann stellt sich für Dich die Frage, wie dann Dein gutes Leben aussehen soll.

Dazu gibt mir auch Brandon seinen Rat mit zum Abschluss unseres Gesprächs: *Ich glaube, die wichtigste Frage ist die nach dem perfekten Leben. Was macht einen glücklich, wie soll dieses Leben aussehen. Diese Frage stellen sich Menschen so wenig, sie arbeiten einfach, weil es von ihnen erwartet wird und hinterfragen nichts. Wenn man herausgefunden hat, wie so ein Leben aussieht, dann kann man auch alles weglassen, was eben dazu nicht beiträgt. Und das sind im Zweifel viele Konsumentscheidungen und unnötige Ausgaben. Die kann man alle weglassen und mit diesen Einnahmen entstehen irgendwann immer mehr finanzielle Möglichkeiten.*

Wer sich gerade tief im Hamsterrad befindet, wird wahrscheinlich erstmal sagen, Hauptsache, ich komme hier raus. Stimmt. Wahrscheinlich ist erstmal eine ausgiebige Pause angesagt. Eine Auszeit, vielleicht eine längere Reise. Ein sparsames Sabbatjahr. Zeit, um wieder von außen auf das eigene Leben zu schauen. Zeit, um zu spüren, was einem wirklich wichtig ist. Zeit, um auszuruhen und zu schlafen. Bleibt man nach dieser Auszeit bei seinem Arbeitsausstieg, stellt sich irgendwann die

Frage, was nun. Wir haben als Mensch einen natürlichen Schaffenstrieb, eine natürliche Neugierde.

Es gibt Menschen, die ein Grundeinkommen anstreben, die sagen, darüber mache ich mir erst Gedanken, wenn ich mein Ziel erreicht habe. Bis dahin arbeite ich intensiv und bis dahin würden mich Gedanken an ein anderes Leben auch demotivieren. Einfach, weil ich mir dann was ausmale, was ich jetzt noch nicht leben darf.

Andere träumen umfangreich, was sie nach Zielerreichung machen wollen. Planen Reisen, Selbständigkeiten oder den Aufbau eines eigenen kleinen Unternehmens. Diese Vision gibt ihnen Energie, um am Grundeinkommen zu arbeiten und am Ball zu bleiben. Brandon beispielsweise konnte die Energie für die Beendigung seiner Anstellung nur mit einer klaren Vision und einem bereits erfolgreichen Blog im Hintergrund aufbringen: *Die Kündigung war wirklich ein großer Schritt und der war alles andere als einfach. Ich war schon sehr unsicher. Mir hat in der Zeit des Abschieds sehr geholfen, dass ich meine eigenen Projekte, wie meinen Blog bereits am Start hatte und ich somit auch andere Beschäftigungen und andere Möglichkeiten der Ablenkung hatte. Um nicht zu sagen, ich glaube, es ist sehr wichtig zu wissen, wohin die Reise geht und diese nicht nur einfach weg vom angestellten Leben geht, und man gar nicht weiß, was danach kommt. Es braucht eine klare Vision. Mit hätte alles andere sehr viel Angst gemacht. Dazu kommt natürlich die Umstellung, dass ich ab jetzt Geld aus meinem Vermögen entnehme und nicht weiter spare und mein Vermögen aufbaue. Das ist auch ein sehr ungewohntes Gefühl, ich meine, ich habe über viele Jahre dieses Vermögen aufgebaut und es ist immer mehr geworden. Dass es jetzt anders herumgeht, das ist schon sehr komisch.*

Ob nun mit Vision oder mit dem Start als längere Pause, beides kann Sinn machen. Manche haben aber gar keinen Zugang zu einem Leben ohne Existenzangst. Wenn das Leben bereits von der Kindheit mit einem „Du musst" geprägt ist, dann kann folgende Übung Dir helfen:

Was würdest Du tun, wenn Geld keine Rolle mehr spielt?

Vielleicht hilft Dir meine Kreditkartenübung weiter, um zu schauen, wie ein gutes Leben für Dich aussehen könnte. Ich mache diese häufig in meinen Coachings. Dabei überreiche ich meinen Coachees eine (selbstgebastelte) Kreditkarte. Ich erkläre, dass sie mit dieser Karte ihr Leben lang beliebig viel Geld ziehen können. Und frage sie, wie dann ein Tag in etwa fünf Jahren aussehen würde. Wie sie ihn genau verbringen.

Warum so spät? Nun, die meisten sehen sich zunächst erstmal eine ausgiebige Pause machen. Mit einer Weltreise, an einem tollen Strand oder auf einem Kreuzfahrtschiff. Allen ist klar, dass selbst die tollste Aktivität nach fünf Jahren irgendwie langweilig wird. Es wird sich eine Art von Alltag einstellen. Interessanterweise träumen die wenigsten von ausuferndem Luxus. Stattdessen höre ich Visionen von alten Bauernhöfen restaurieren, ein kleines Gästehaus im Süden führen, Menschen auf der Straße zu helfen oder endlich ausgiebig Zeit mit den eigenen Kindern zu verbringen.

Wie sieht es bei Dir aus? Du musst nichts mehr tun, um Dein Leben zu finanzieren. Im Gegenteil, es wäre auch noch genug Geld da, um irgendeine Investition zu tätig, von der man schon immer geträumt hat. Wie sähe dieses Leben aus? Wie verbringst Du Deine Tage? Mit wem? Was machst Du? An was entwickelst Du Dich weiter? Was macht Dir besondere Freude? Und was gibt Deinem Leben Sinn?

Diese erste Übung gibt Dir einen Einblick, wie ein Leben ohne klassische Erwerbsarbeit zur Existenzsicherung aussehen könnte.

Dieses gute Leben lässt sich nun ausbauen. Spannend sind in meinen Augen Impulse von Neugierde, Aktivität und Sinn. Was würdest Du tun? Meist kristallisieren sich einzelne Interessen heraus. Mehrere oder nur ganz wenige, dass ist unterschiedlich. In jedem Fall geben sie Dir Hinweise, wie ein gutes Leben für Dich aussehen könnte.

In einem weiteren Schritt würde ich in einem Coaching schauen, wie sich Bereiche aus dem guten Leben bereits heute in das eigene Leben integrieren lassen.

Auch bei dem Konzept eines Lebens mit einem Grundeinkommen glaube ich, dass es durchaus sinnig ist, bereits auf dem Weg dorthin ein möglichst gutes Leben zu leben. Es macht ja keinen Sinn, sich zu kasteien und in einer gewissen Sparsamkeit und Eifer lustlos zu leben, um dann irgendwann wie Phoenix aus der Asche ein komplett anderes Leben zu starten. Zumal man realistischer weise ja auch sagen muss, dass ein Grundeinkommen nicht ein Luxusleben ermöglicht. Soll es vielleicht auch gar nicht. Aber es ist sicherlich gut, auch auf dem Weg hin zu einem eigenen Grundeinkommen immer genau zu betrachten, was jetzt im Leben gerade passend ist. Menschen, die auf dem Weg zu einem Grundstock an Kapital sind, stellen beispielsweise nach einer Phase des intensiven Arbeitens und Sparens fest, dass ihnen jetzt eine Phase mit weniger Arbeitszeit und weniger Einkommen wichtiger ist, als das Ziel des Grundeinkommens auf Teufel komm raus möglichst schnell zu erreichen. Zumal diese Phase der Teilzeit gleich einen Vorgeschmack von freier Zeit liefert. Und man damit schon mal ausprobieren kann, was in dieser Zeit interessant ist.

Was tun, wenn das Grundeinkommen gesichert ist?

Grundeinkommen bedeutet, dass die Basiskosten gedeckt sind. Das ist bei fast allen Konzepten so. Es heißt nicht, dass ein Leben mit all seinen Wünschen und deren Erfüllung realisierbar ist. Wo kommt also das weitere Einkommen her? Muss man dann nicht doch wieder arbeiten? Menschen, die nicht zur Existenzsicherung arbeiten, tun Dinge eher mit Herzblut. Sie wollen sie wirklich tun. Sie machen nicht irgendwas Idiotisches, weil es eben ein gutes Gehalt einbringt. Weil sie es halt tun müssen. Nein, die meisten engagieren sich freiwillig, ob mit Entlohnung oder ohne.

Aus den Interviews ergab sich ein durchgängiges Bild: Keiner macht sich für seine Projekte und Jobs mehr „verrückt". Es findet alles dosiert statt. So dass es passt. An einigen Tagen weniger, vielleicht manchmal mehr. Das scheint der entscheidende Unterschied zu sein. Muss man nicht fürs Geld arbeiten, darf man dies tun, wenn es Sinn macht. Man kann eben freier verhandeln und muss sich nicht nur nach den Vorstellungen eines Arbeitgebers oder Auftraggebers richten. Hier schließt sich für mich der Kreis zum Anfang dieses Textes. Selbst wenn man Spaß daran hat, zu arbeiten, lohnt es sich, sein ein eigenes Grundeinkommen zur Existenzabsicherung aufzubauen. Nicht um auf der faulen Haut zu liegen. Sondern um frei verhandeln zu können, wie das eigene Engagement auf dem Arbeitsmarkt aussehen darf. Heute und auch in der Zukunft. Denn auch das kann sich ja verändern. In einer Lebensphase hat man vielleicht viel Lust zu arbeiten und Dinge mit zu gestalten. In einer anderen Lebensphase stehen andere Dinge stärker im Fokus, wie Kinder, Eltern, ausgiebige Reisen oder die Selbstentdeckung. Oder auch nur ein Garten, ein Buch- oder Kunstprojekt. Ist es nicht ein toller Gedanke, diese unterschiedlichen Optionen zu verschiedenen Zeiten im Leben angehen zu können? Ich zumindest finde das sehr verlockend. Monika hat mit diesem Prinzip sehr gute Erfahrungen gemacht: *Ich bin ja nun schon seit einigen Jahren selbständig und am Anfang habe ich noch über kein Grundeinkommen verfügt. Es ist spannend, wie sich meine Preiskalkulation durch mein Grundeinkommen verändert hat. Wenn ich eine Anfrage hereinbekomme, schaue ich mir das Unternehmen an und überlege dann, wie viel Lust ich habe, mit diesen zusammen zu arbeiten. Was ich dabei möglicherweise bewegen kann. Wieviel ihnen das nutzt und wo mein Sinn und meine Freude an diesem Auftrag liegt. Aus diesen Kriterien entwickle ich einen Preis. Wenn mein Sinn und besonders meine Freude niedrig sind, dann kann der schon mal recht hoch liegen. Heißt nicht, dass ich nicht trotzdem den Zuschlag bekomme. Manchmal klappt es trotzdem, manchmal auch nicht. Manchmal sage ich auch gleich ab. Diese Freiheit ist fantastisch. Ich kann mich noch gut an die Zeit erinnern, an der ich diese noch nicht erreicht hatte. Ich habe eher geschaut, wie viel der Kunde wohl zahlen kann und habe schon vorab die ersten Rabattmöglichkeiten eingebaut. Eben weil es mir wichtiger war, überhaupt einen Auftrag zu bekommen, als nach meinem*

Wert bezahlt zu werden. Aus diesem Gefühl heraus, ich muss unbedingt Geld verdienen, ist damals viel Druck entstanden, der jetzt einfach weg ist.

Muss Erwerbsarbeit sein?

Ein Grundeinkommen ermöglicht natürlich auch wieder viele Möglichkeiten jenseits der Erwerbsarbeit. Tätigkeiten, die wir gerne abwerten und ins Private abschieben, die aber zentral und wichtig für unsere Gesellschaft und deren Zusammenhalt ist.

Meine Großmütter haben beide nicht gearbeitet. Meine Schwiegermutter auch nicht. Sie haben Kinder großgezogen, zum Teil mit der Hilfe von Kindermädchen. Sie haben viel im Haushalt und im Garten gemacht. Sie haben Dinge repariert, genäht und gebastelt. Gemüse und Obst wurde geerntet, gekocht, eingemacht und getrocknet. Die Frage, was tust Du, wenn Du nicht mehr arbeitest, hätten sie nicht verstanden. Eben weil sie viel gearbeitet haben. Aber eben keine Erwerbsarbeit im Sinne wie wir es heute kennen. Ich will nun nicht für die Zukunft propagieren, dass Frauen wieder an den heimischen Herd gehören. Aber ich finde, wir dürfen uns mehr Gedanken zur Wahlfreiheit machen. Wir dürfen darüber nachdenken, wie wir leben wollen. Ob wir uns dann für die damals ja auch schon sehr strikte Arbeitsteilung zwischen Mann und Frau, Erwerbsarbeit und Haushalt entscheiden oder ob wir neue kreative Wege finden, sei dahingestellt. Ich finde bloß spannend, dass es wahrscheinlich viele Menschen gibt, die noch Frauen mit ganz anderen Lebensentwürfen kennenlernen durften, die dies aber für sich selbst als absurd von sich weisen. Ganz davon abgesehen, dass es auch heute immer noch viele Frauen und ganz manchmal Männer gibt, die keiner Erwerbsarbeit nachgehen und sich stattdessen um Kinder, alte oder behinderte Menschen oder Tiere oder was auch immer kümmern. Ich kann übrigens gut nachvollziehen, dass in dieser Gruppe viele Menschen sind, die ein bedingungsloses Grundeinkommen sehr toll fänden. Eben weil sie sich nach mehr gesellschaftlicher Anerkennung sehnen.

Identität durch Arbeit

Eine Freundin, Hausfrau und Mutter von drei Kindern, durchaus gutaussehend und sehr intelligent, berichtet von beruflichen Arbeitsempfängen mit ihrem Mann. Zunächst wird sie neugierig gemustert, dann wird gefragt, was sie beruflich macht. Wenn sie dann „nur" berichtet, sie sei Hausfrau, würde das Interesse sofort verblassen, sie würde als ein Nichts wahrgenommen werden. Wie schade, dass wir den Wert eines Menschen immer nur an der Arbeit festmachen. Und dass wir den Job eines Börsenmaklers, der eigentlich nur an Bildschirmen sitzt, spannender wahrnehmen als das Wunder, Kinder wachsen zu sehen und sie dabei kompetent zu begleiten. Ich bin sicher, würden wir nicht so wertend

Menschen in wichtig und unwichtig nach ihren Tätigkeiten einsortieren, würden wir die Welt ganz anders entdecken.

Mit einem eigenen Grundeinkommen entwickeln wir automatisch mehr Wahlfreiheit. Damit sind wir aber auch definitiv anders als die aktuelle Mehrheit der Gesellschaft. Antworten wir auf die Frage, was wir beruflich machen, wir seien Privatier oder wir würden ein bisschen was machen, dann erfahren wir maximal erstaunte Bewunderung. Nun ist es ein menschliches Bedürfnis anerkannt und gesehen zu werden, sowie sich anderen Menschen zugehörig zu fühlen.

Unser bisheriges Umfeld wird uns diese Anerkennung möglicherweise versagen, wenn wir sagen, wir steigen ein bisschen aus. Ich kann als ehemalige Geschäftsführerin auch sagen, es hat zwar nie jemand so genau gewusst, was ich da eigentlich gemacht habe, aber aufgrund des Titels habe ich automatisch eine hohe gesellschaftliche Anerkennung genossen. Diese habe ich in meinen knapp 10 Jahren als Coach nie wieder erlebt. Bei meiner Tätigkeit als Geschäftsführerin wurde ich auch nie gefragt: Ach, davon kann man leben? Als Coach, gerade am Anfang schon. Das ist nicht die Anerkennung und Wertschätzung, die man sich so wünscht.

Von daher kann ich auch sehr gut verstehen, warum viele Menschen mit einem Grundeinkommen oder mehr dieses eher verschweigen oder einfach nicht zum

Thema machen. Wir reden ja eh nicht viel über Geld. Selbst wenn man nur die eigenen Immobilien verwaltet, kann man natürlich – wie in dem Fall Melanie – bei Rückfragen antworten, man sei in der Immobilienverwaltung tätig. Damit entsteht wieder ein gesellschaftlich passendes Bild und keiner fragt nach, wie viel Zeit man damit verbringt. Denn die ehrliche Antwort würde bei Melanie mit 2 Stunden maximal in der Woche ausfallen. Und diese Antwort würde dann schon wieder irritieren.

Die Balance halten

Ein Leben mit Grundeinkommen darf als Experiment verstanden werden und so gelebt werden. Es braucht kein Modell, welches für das restliche Leben funktionieren muss. Im Gegenteil. Es darf einfach geschehen. Das genau ist in meinen Augen ein zentraler Kern der neuen Freiheit. Es darf und soll Zeiten geben, in denen man für etwas brennt, ein Projekt umsetzt, irgendwas fertigstellt, lange Stunden arbeitet, weil man dies gern machen will und aufgeregt ist und sich am Erfolg oder einfach nur der Umsetzung freut. Dann wird es aber auch wieder Phasen geben, in denen es ruhiger ist, in denen nicht viel passiert und man sich treiben lassen kann. Wie schön, wenn diese Phasen ohne Unruhe und Sorge gelebt werden können. Mit der Zeit stellt sich auch ein Vertrauen ein, dass sich diese Phasen abwechseln. Übrigens ein Modell, was wir zahlreich in der Natur beobachten können. Vielleicht ist dieses die Normalität und nicht unser ständig unter Strom stehender Arbeitswahnsinn.

Das Streben nach Reichtum?

Wann ist es genug? Viele Ratgeber zum Thema Reichtum werben mit fast unendlichem Reichtum. Ein bisschen haben sie Recht. Je mehr man sich mit Geld beschäftigt, je mehr man zum Thema Geld und Investment weiß, desto besser werden die Investments wahrscheinlich werden. Zu Geld kommt mehr Geld. Es ist schwer, einen Punkt festzulegen, an dem es genug ist. Man kann ja immer wieder seine Lebenshaltungskosten steigern, man kann das eigene Sicherheitspolster immer noch ein Stückchen weiter erhöhen. Und es macht ja immer wieder neuen Spaß einen fetten Deal zu machen und für eine mutige Entscheidung mit einer guten Rendite belohnt zu werden. Entsprechend fällt es vielen Menschen schwer, ein Genug zu definieren. Muss man vielleicht auch nicht. Monika berichtet, wie sie sich Gedanken macht, wer ihr Geld erhält, wenn sie verstirbt. Spätestens an diesem Punkt können wir nichts mitnehmen! Ihre Gedanken zum Testament sind spannend. Sie hat sich zur Routine gemacht, jedes Jahr jeweils zum Jahreswechsel das Testament rauszunehmen und anzuschauen, ob alles noch passt. Und es gegebenenfalls zu aktualisieren. Denn natürlich können sich die Begünstigten ändern. Zumal sie in ihrem Testament nicht nur ihre entfernten Nachkommen berücksichtigt, sondern mit ihrem Vermögen auch die Welt in ihrem Sinn ein bisschen besser machen will: *Es gibt viele Organisationen, die sich für eine bessere Welt einsetzen und denen ich gerne ihre Arbeit mit einem Legat erleichtere. So habe ich mir drei verschiedene Einrichtungen aus dem Bereich Jugend, Umweltschutz und Soziales rausgesucht, die jeweils eine Eigentumswohnung erben werden. Wahlweise können sie diese für ihre Arbeit nutzen oder sie vermieten oder verkaufen diese. Bisher konnte ich mich nur zu einmaligen, nicht so hohen Spenden motivieren, wenn ich eine Einrichtung oder ein Projekt speziell unterstützen wollte. Richtig hohe Beträge zu spenden, da bin ich mir noch zu unsicher, ob sich das Leben immer so gut entwickeln wird, oder ob ich mein Vermögen nicht doch noch brauchen werde. Allerdings wird mit jedem Jahr, in dem mein Vermögen ansteigt, meine Spendenbereitschaft höher. Ich will nicht alleine in dieser Welt gut leben, ich will auch zu einer besseren Welt beitragen. Und ich bin mir durchaus bewusst, dass ich in einer sehr privilegierten Situation lebe.*

In meinem Gespräch mit Christian wurden auch kritische Gedanken zum hemmungslosen Reichtum laut: *Gewinnmaximierung über alles wäre beispielsweise nie eine Option für mich. Wir reizen die Mieten nicht aufs Äußerste aus oder, anderes Thema, auf oder gegen Nahrungsmittel und Tiere bzw. deren Preis zu wetten, sind für mich absolut nicht in Ordnung und vertretbar.*

Christian war übrigens der einzigste in meinen Gesprächen, der es nach dem ersten großen Immobilienverkauf mit gutem Gewinn hat krachen lassen. Zum Zeitpunkt unseres Gesprächs war er schon wieder klüger: *Mittlerweile bedeutet Reichtum für mich, dass meine Familie und ich gesund und glücklich sind. Da ist der finanzielle Aspekt natürlich ein Teil davon, keine Frage. Ohne Geld kein großes Haus mit großem Garten, kein schönes Familienauto, kein gesundes Essen, keine Urlaube. Das alles zu haben reicht aber als Grundlage für ein glückliches und „reiches" Leben völlig aus. Natürlich könnten wir noch mehr auf die Beine stellen und weitaus mehr Einkommen generieren. Aber wofür? Konsum befriedigt vielleicht kurz, macht aber nicht glücklich. Als wir 2013 unsere Münchner Wohnung verkauft hatten, haben wir auch mal in nicht allzu langer Zeit einen sechsstelligen Betrag unters Volk gebracht. Stichwort: Porsche, Rolex etc. Deshalb weiß ich, dass das für uns mal ganz nett war, mehr und langfristig erfüllend war es aber nicht. Wobei ich diese Erfahrung erst machen musst. Mir wurde lange Zeit immer wieder erklärt, dass ich – insbesondere mit meinem Beamtenjob – nie reich sein könnte, mir kein teures Auto, keine teure Uhr, keine teuren Urlaube leisten könnte. Das wollte ich so nicht stehen lassen. Hier ist es wichtig, sich nicht irgendwann auch selbst zu sagen „Das kann ich mir nicht leisten.", sondern immer die Frage zu stellen „Wie kann ich es mir leisten?". Und um mir selbst zu zeigen, dass wir „es" können, kam der Porsche in die Garage und die Rolex ans Handgelenk.*

Die Freude an diesen Spielzeugen haben sich erstaunlich schnell abgenutzt. Ich habe mich nach einem Vierteljahr natürlich immer noch darüber gefreut, in einem Porsche rumfahren zu können. Aber der Reiz, die Aufgeregtheit der ersten zwei, drei Wochen war weg. Man gewöhnt sich an alles, im Guten wie im Schlechten. Dass das richtig rüberkommt: ich bin immer noch Autofan, der Blick in unsere Garage würde das bestätigen, und ich sammle immer noch hochwertige Uhren, was ein großes Hobby geworden ist und weil mir die Community gefällt. Aber persönliches Glück, innere Zufriedenheit kann man sich über Konsumgüter nicht holen. Deshalb muss ja nicht selten das nächste Auto noch schneller – teurer - besser, das Haus noch größer und der Geldbeutel noch dicker sein. Wer aber diesen Weg einschlägt, wird nie ankommen, da es immer noch weiterginge und diese Leute fragen sich irgendwann, warum sie trotz lauter „Reichtum" nicht glücklich sind. Konsumgüter sollten, wenn, dann eine schöne Ergänzung der eigenen Situation sein. Dann, denke ich, ist das eine runde Sache.

Dasselbe Phänomen in Sachen Luxus und Konsumsteigerung kann ich in diversen Coachings auch im Bereich von Sicherheit beobachten. Nach einem Grundeinkommen, nach der finanziellen Freiheit kommt immer mehr Reichtum dazu. Na klar, man kann es ja jetzt. Man weiß, wie man Geld vermehrt. Und es wird mehr werden. Deshalb stellt sich nicht zwangsläufig ein Gefühl der inneren Freiheit und der Lust ein. Wer viel in seinem Leben gespart hat, hat den eigenen Sammelanteil stark gefördert. Dieser innere Anteil gibt nicht gerne her. Schon gar nicht für den eigenen Luxus. Stattdessen wird das eigene Sicherheitsgefühl bedient. Und man kann sich mit zig Millionen auf dem Konto immer noch unsicher fühlen. Zumal dann die Angst hinzu kommt, man könne dieses Geld ja wieder verlieren. Das Fazit aus vielen Gesprächen mit reichen Menschen: Sicherheit gibt es nicht auf dem Bankkonto. Sicherheit gibt es nur in Dir drin. Das kann auch die Sicherheit bedeutet, dass ich mir sicher bin, dass es für meine Zukunft keine Sicherheit gibt, ich mir aber sicher bin, dass ich mit jeder Herausforderung optimal umgehen werden kann.

Mit Widerständen rechnen

Dieses Kapitel könnte auch Schlusswort heißen. Ich nehme mir im Rückblick auf das Buch nochmals Widerstände vor. Widerstände in Dir selbst, aber noch mehr solche in Deinem Umfeld und in der Gesellschaft allgemein. Fangen wir mit letzteren an. Gerade habe ich zwei Beiträge über finanziell freie Menschen im Fernsehen gesehen. Der eine auf dem Weg, der andere hat es schon geschafft. Bei beiden konnte sich der Kommentator nicht verkneifen, den Beitrag mit kritischen Bemerkungen abzuschließen. Der auf dem Weg dorthin könne mit seinem Rechenmodell keine Familie ernähren, obwohl er sich durchaus Kinder vorstellen kann. Das es da noch eine zweite Person gibt und Familien in den meisten Fällen nicht mehr nur vom Ernährer finanziert werden, blieb außen vor. Ein Professor zeigte zum Abschluss des Beitrags eine Kurve, die deutlich machte, dass bei einer Familie mit 70 das Kapital aufgebraucht sei. Er müsse dann, wenn alle anderen aufhören zu arbeiten, wieder anfangen. Ich war fast ein bisschen empört über diese weltfremde Argumentation. Ob mit Grundsicherung oder auch mit der kompletten finanziellen Freiheit, natürlich werden Menschen, die über einen solchen Kapitalstock verfügen, regelmäßig Bilanz ziehen. Haben sie mit 40 aufgehört zu arbeiten – das war in diesem Beitrag das erklärte Ziel – dann wird man auch mit 50 auf seinen Kapitalstock schauen, wahrscheinlich auch bereits jedes Jahr in dem zurückliegenden Jahrzehnt. Verringert sich das Kapital maßgeblich, weil die Lebensumstände sich wie auch immer verändert haben, dann wird man eben wieder arbeiten. Möglicherweise dosiert oder wenn es nötig ist, auch wieder Vollzeit. Entweder befristet auf ein paar Jahre oder im schlimmsten Fall bis zur Rente. Wo ist das Problem? Dieser Mensch hätte dann zwischen 40 und 50 nicht gearbeitet. Davon träumen viele Menschen. Völlig unwahrscheinlich dagegen die Vorstellung, dass man auf sein Kapital vertraut und dann mit 70 das nächste Mal drauf schaut und feststellt, dass die Rechnung nicht aufgegangen ist. Ich denke, dass solche Gegenargumente kommen, weil viele Menschen sich einfach nicht vorstellen können, dass eine solche Lösung machbar ist. Um die eigene – nicht besonders kreative – Arbeitslösung zu rechtfertigen, wird das neue Modell sehr kritisch unter die Lupe genommen.

Dies war auch bei dem bereits finanziell freien Menschen der Fall. Er hat dies über Immobilien geschafft und ist aus seinem Job ausgestiegen, weil er es gesundheitlich nicht mehr geschafft hat. Statt jetzt den Hut zu lüpfen in Hochachtung vor jemandem, der sich in so einer Situation nicht auf das Sozialsystem verlässt, sondern eigene Lösungen findet, endet dieser Beitrag mit der kritischen Frage, ob dieses Modell wohl aufgeht, wo doch Immobilien immer mal wieder Reparaturen benötigen und dies Kosten verursacht. Auch hier war die Skepsis deutlich zu spüren.

Wir leben in einer Welt, die auf einen Klimawandel zusteuert, die weit über ihre Möglichkeiten Ressourcen ausbeutet und der die Digitalisierung bekannte Arbeitsmodelle absehbar streitig machen wird. Und obwohl wir auf massive Änderungen in unserem Leben zusteuern, diskutieren wir Arbeit und unseren Lebensstil so, als ob keine Änderungen nötig und damit eben auch denkbar wären. Eher erlebe ich ein stetiges Beharrungsvermögen, dass das, was wir tun alternativlos sein. Wie dringend wäre es nötig, neue Wege in Bezug auf unseren Lebensstil zu diskutieren. Und Dinge auszuprobieren. Die eben oft mit weniger Konsum und mit mehr Zeit zu tun haben. Zeit, um uns um andere Menschen zu kümmern, Zeit um Dinge selbst herzustellen oder zu reparieren und Zeit, einfach nur so für uns. Um das Leben zu genießen. Wir brauchen weniger Dinge und dafür mehr Zeit. Statt kreativ über solche neuen Modelle nachzudenken, verharren wir in einer Angst um bestehende Arbeitsplätze (die unserer Welt nun wirklich nicht immer guttun) und beharren auf unsere Rechte, was Lebensstil und Konsum angeht. Wenn Menschen andere Modelle ausprobieren und praktisch vorleben, dann ist mit Widerstand zu rechnen. In diesem Fall übrigens von zwei Seiten. Von der klassischen Seite, die auf ihren Lebensstil besteht und sich andere Modell per se nicht vorstellen kann oder will. Ich bekomme aber auch gerne Gegenwind von alternativen Vordenkern. Weil Geld und Besitz böse ist. Das sage ich jetzt mal so platt, das geht wahrscheinlich auch differenzierter. Letztlich steht aber hinter dieser Kritik immer die Skepsis, dass man als Investorin nicht verantwortlich Geld anlegen kann und das man deshalb zu den Bösen gehört. Ich erlebe solche Diskussionen immer sehr undifferenziert und verknüpft mit vielen Annahmen und daraus resultierenden Vorwürfen. Wie bei allen Investments schauen wir auch sonst in eine ungewisse Zukunft. Bestimmte Dinge, die ich im vorherigen Absatz bereits genannt habe, sind absehbar, viele andere Dinge nicht. Um trotzdem positiv in die Zukunft zu schauen, braucht es in meinen Augen viele verschiedene Lösungsideen, Modelle und Testphasen. Auch die, des eigenen Grundeinkommens, die der kompletten finanziellen Freiheit und viele Solidarmodelle, die gerne auch alle ausprobiert werden können. Wir haben da noch nicht das letztgültige beste Modell gefunden. Wahrscheinlich werden wir dies nie finden. Aber es lohnt sich, vieles auszuprobieren und neugierig zu schauen, wie andere Modelle sich entwickeln.

Der gesellschaftliche Widerstand wird sich auch in Deinem näheren Umfeld wiederfinden. Es wird Menschen geben, die spätestens, wenn Du über Dein Ziel berichtest, mit zahlreichen Gegenargumenten kommen. Genannt wurden mir bereits zahlreiche, wie das man nicht ohne eine Anstellung leben kann, weil man dann nicht in die Rentenversicherung einzahlt. Oder dass es eine Verschwendung ist, wenn man das erlernte Wissen aus einem teuren Studium jetzt einfach so wegwirft. Ganz weit vorne sind die, die Dir Deine Investmentstrategie madig machen. Hast Du Dich für Aktien entschieden, malen sie den nächsten Börsencrash in allen Farben an die Gesprächswand. Bei Immobilien gibt es eine Immobilienblase und bei allen anderen Investments ist eh immer ein Risiko da, weil man nicht in die Zukunft schauen kann.

Dir bleiben wahrscheinlich nur drei Strategien, um mit Deinem Umfeld umzugehen. Die erste lautet Schweigen. Gerade in der Phase des Vermögensaufbaus musst Du niemandem erzählen, dass Du gerade ein Vermögen aufbaust. Selbst mit einem Grundeinkommen kommst Du gut durchs Leben, wenn Du davon nicht erzählst und einfach den Eindruck erweckst, dass Du gut wirtschaftest. Das wäre also die Strategie des Schweigens. Sie passt nach Deutschland, hier wird eh nicht viel über Geld geredet.

Die zweite Strategie ist die Auseinandersetzung. Such die Diskussion und versuche, zu überzeugen. Argumente liefert Dir dieses Buch hoffentlich reichlich. Vielleicht findest Du Mitstreiter, vielleicht machst Du einige Menschen nachdenklich. Das wäre doch was.

Die dritte Strategie ist radikal. Such Dir neue Freunde. Wir orientieren uns immer an Menschen, mit denen wir viel Zeit verbringen. Ob bewusst oder unbewusst, sie üben Einfluss auf uns aus. Sind dies die falschen Menschen, dann kann dies wahlweise hinderlich oder stressig sein, wahrscheinlich sogar beides. Ich weiß, dass ist kein einfacher Lösungsvorschlag, aber vielleicht setzt er in Dir ein paar radikale Gedanken in Gang.

Dann kann ich Dir vorhersagen, dass es auf dem Weg zur Grundsicherung und auch nach dem erreichten Ziel immer wieder zu Widerständen und Zweifeln in Dir selbst kommen wird. Das ist eigentlich logisch. Du bist auch in unserem Gesellschaftsmodell aufgewachsen und der Ausstieg aus diesem wird nicht ohne Zweifel stattfinden. Es hilft, wenn Du damit rechnest. Also nicht völlig überrascht bist, wenn diese auftreten. Außerdem hilft eine starke Vision von Deinem guten Leben. Du machst das ja nicht, um Dich zu quälen, sondern mit einem klaren Bild, wie ein Leben aussehen kann, was nicht von Konsumzwang und von Existenzangst geprägt ist. Ich wünsche Dir für diesen Weg alles Gute!!!

Über die Autorin

Gisela Enders lebt und arbeitet in Berlin. Sie schätzt ihr abwechslungsreiches Leben, welches sie als Coach, Teamentwicklerin, Autorin, Ehefrau, Hundemama, Gärtnerin u.v.m. verbringt. In den letzten Jahren hat sie sich thematisch auf den Umgang mit Geld spezialisiert. Dabei ist eine besondere Leidenschaft Frauen das Thema Vermögensaufbau näher zu bringen. Für diese schreibt sie den Blog Klunkerchen.com. Diese Leidenschaft bedeutet für sie übrigens keinen Ausschluss von Männern.

Vor drei Jahren ist von ihr bereits das Buch „Finanzielle Freiheit" erschienen. In diesem hat sie Menschen interviewt, die für Geld nicht mehr arbeiten müssen. Das Buch ist bereits in englische Sprache übersetzt worden, eine Version auf französisch wird im nächsten Jahr erscheinen.

Weitere Informationen gibt es unter www.gisela-enders.de

Du wünschst Dir hin / was wäre
wenn wir "Richard" Alex
geheißen wär

Lightning Source UK Ltd.
Milton Keynes UK
UKHW010251110719
345909UK00001BA/229/P

9 783748 180333